神戸・阪神間

優雅なランチ

神戸・阪神間

優雅なランチ

もくじ

広域MAP
宝塚市
伊丹市
西宮市
芦屋市
尼崎市
樫ヶ峰
逆瀬川
深谷貯水池
小林
阪急今津線
阪神競馬場
観音山
奥池
奥山貯水池
北山貯水池
甲山
甲山森林公園
弁天池
仁川
ごろごろ岳
北山公園
•Ristrante Ponte Mirabeau P94
P118
タイ国料理店 イサラ
甲東園
171
甲陽園
門戸厄神東光寺
門戸厄神
阪急甲陽線
武庫川
P121 中国料理 錦水
P108 いしばし
P100 割烹 にしい
P109 鮨まつ本
P114 topinambur
P111 Bistrot du Perigord
P96
CARBONIERA del TORO
P116 Luna Pleine
苦楽園口
Fusion Dining olive P113
西宮北口
P102 日本料理 夙川 かんな月
P107 あんぱい
ル ペナトン P110
Pas A Pas… P112
P120 ラヴェニール・チャイナ
鷹尾山
芦屋川
名神高速道路
•阪急西宮ガーデンズ
P76 あめ婦
芦屋 ゆるり P80
うなぎ割烹 きた八 P105
P78 京料理 たか木
天翔 P106
P92 嘉門芦屋コリアン亭
P83 芦屋フレンチ 北じま
神戸屋レストラン
芦屋店 P90
さくら夙川
西宮
甲子園口
アルテ・シンポジオ P115
阪神国道
芦屋川
リストランテ・ベリーニ
93 Baan Thai P89
ASHIYA
芦屋
Chez Mori
芦屋店 P74
香櫨園
西宮
西宮神社
2
波沙鮓
P82
打出
•大谷記念美術館
P104
酒蔵通り煉瓦館
レストラン花さかり
今津
A LA MAISON
JEAN-PAUL
P98
山手幹線
JR神戸線
甲南山手
旬菜 風
P81
芦屋 咲くや P91
Le Petit Cadeau P84
SALT&PEPPER P87
PERITEI P85
Acqua Cipresso P88
Maison de Taka Ashiya P72
Kamiya P86
久寿川
P119
La Paysanne
西宮IC
甲子園
阪神甲子園球場•
鳴尾
深江
阪神本線
深江
阪神高速3号神戸線
43
宮川
西宮浜
キッザニア甲子園•
武庫川
阪神武庫川線
東鳴尾
洲先
南芦屋浜
P117 フリアンディーズ•
深江浜
甲子園浜
武庫川団地前
阪神高速5号湾岸線
鳴尾浜
大阪湾
N
0
2km
1
2
3
4
D
E
F

神戸市
中央区
P41香膳
P22日本料理 波勢
la Maison de GRACIANI 神戸北野 P12
和黒 北野坂本店 P10
BISTRO 近藤亭 P27
P35OSTERIA BUCO
P36OSTERIA HANATANI
P43馨林
東天閣P18
P42China Bistro EVOLVE
trattoria Coccinella P37
P33GREEN HOUSE Silva
P34Rvalentino
P26 日本料理 十三蔵
P48吉向
P23 野菜割烹 あき吉
P38アルポルト神戸
P50 神戸プレジール
群愛飯店 本店 P44
SouffleP29
P51インド料理 ショナ・ルパ
P49志ん 神戸三宮店
P24お料理 哲也
くずし割烹 こまじろP25
MAISON DE PARTAGE P14
P40 維新號 點心茶室 神戸店
黒十P20
Belle Table P28
ISOGAMI FRY BAR P21
Liang YouP45
神戸元町別館牡丹園P46
BRASSERIE L'OBABONP32
Bar&Bistro 64P31
民生 廣東料理店P47
ALLONS-Y!P30
新割烹 丹色P8
P16E.H BANK
0 200m
P66ラ・ポスト
P68クワンチャイ 岡本店
P69スパイスレストラン ぶはら
P63La Cheminée
蕎麦 ふくあかりP61
P58THE GARDEN PLACE SOSHUEN
P71 中国菜 RUFUFU
Faber P64
P70中国料理 四川
P56 神戸精養軒本店
老虎菜 オーキッドコート店 P54
ビストロ・アンジェリーク P62
神戸酒心館 さかばやしP52
こうべ甲南 武庫の郷 平介茶屋 P60
Ristrante Bibbi P65
神戸肉匠 壱屋P67
神戸市
東灘区
灘区
中央区
上図
SourceP39
A B C
1 2 3 4

この本のつかい方

■ジャンル
和食、フランス料理、イタリア料理、中華料理などに分類しています。

■地図
各ページの縮尺は統一していません。大まかな目安としてご利用ください。

■ランチメニュー
昼のメニューを、消費税(8%)込み価格で表示しています。別途サービス料が必要な場合は記載しています。お店によって、土日祝日は価格や内容が変わる場合があります。

■ディナーメニュー
夜のメニューの一例を記載しています。価格についても、ランチメニューに準じて記載しています。

和食

お料理 哲也

おりょうり てつや

神戸・三宮

078-391-5639
神戸市中央区下山手2-1-17 SHIROMURAビル4F
JR三ノ宮、阪神・阪急神戸三宮駅より3分
11:45〜13:30(LO)
17:30〜22:00(…00LO)
月曜
テーブル6席、カウンター6席、個室あり
可 なし 禁煙
V、MA、JCB、AMEほか

小鉢箱中央は名物の胡麻豆腐を使った揚げ出し

丁寧に繊細に、そして気軽に食べる本格和食

山のもの、海のもの、旬の素材が少しずつ盛られた美しい八寸は、白和え、ぬた、酒盗あんかけなど、丁寧に作られた一品ばかり。低温で2時間かけて焼いた厚焼き玉子は、しっとりなめらかでまるでプリンのよう。ひと口サイズのサバ寿司は、酒飲みの心をくすぐる酢加減で、思わず昼酒になだれ込む。

胡麻豆腐は、店主が修業時代に初めて任された思い出の料理で、生のむき胡麻と国産の吉野葛に、水と酒と塩だけのシンプルな味つけが胡麻の風味を引き立てる。西京漬けも自家製で、中央市場で選んだ魚を独自にブレンドした西京味噌に漬け込む。焼きあがった西京焼きは、ほんのり甘くて、上品な味噌の風味がたまらない。

Lunch
- 和御膳(小鉢箱、西京焼き、ご飯、デザート)2,000円
- …コース(和御膳＋八寸)3,000円

Dinner
- 懐石コース5,400円〜
- …料理650円〜

ミニコースの八寸

24

■エリア情報①
神戸…神戸市中央区
灘…神戸市灘区
東灘…神戸市東灘区
芦屋…芦屋市
西宮…西宮市

■エリア情報②
エリア名を記載しています。詳しい住所はお店情報をご覧ください。

■料理写真
お昼にいただける料理の一例として撮影しています。季節によって、日によって、食材や内容に変更がある場合があります。基本は1名分ですが、お店によっては2名分の料理を掲載しています。

■お店情報
- 住所／すべて兵庫県です。
- 最寄り駅／駅名とお店まで徒歩で向かった場合のおおよその時間を記載しています。
- 営業時間／基本的な営業時間とラストオーダー(L.O)の時間です。
- 休み／定休日を記載。お盆、年末年始、その他特別な休みについては記載していません。
- 予約／予約の可・不可。人気店ばかりなので、予約可のお店は、できるだけ予約することをおすすめします。
- 駐車場／各店の駐車台数です。提携駐車場などについては、事前にお店にご確認ください。
- 喫煙／喫煙可でも、他のお客さんの迷惑にならないように節度をもってたしなみましょう。
- クレジットカード／V(VISA)、MA(Master)、JCB、AME(AMEX)の略号を使っています。

●ご注意
本書に記載した情報は2016年3月現在のものです。データ、地名などは変更になる場合があります。特にメニューについては、日替わり、週替わり、月替わり、アラカルトとお店によって内容が変わりますので、事前にお店にご確認ください。また、紹介しているサービスの利用で発生した万が一のトラブルに関して、編集部では責任を負いかねますので、あらかじめご了承ください。

協力：メゾン・ド・タカ・アシヤ
撮影：花房英子

和食

新割烹 丹色

しんかっぽう にいいろ

神戸・元町

個室は大人4〜8名

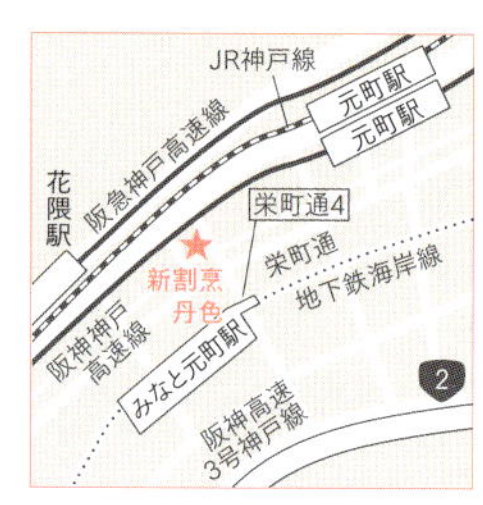

078-599-8956
神戸市中央区元町通3-13-1
JR・阪神元町駅より3分、地下鉄みなと元町駅より4分
11:30〜14:30(13:30LO)
18:00〜22:00(21:00LO)
日曜、祝日の月曜
テーブル18席、カウンター7席、個室あり
予 可　P なし　禁煙
夜のみ可(V、MA)

和食の基本に忠実でありながら、食材、調理法の組み合わせでオリジナリティを出し、起承転結を意識したコースが魅力だ。基本のだしは、利尻昆布と血合いなしのカツオでとる一番だし。その上品な旨みが素材の持ち味を生かす。揚げたゴボウをだしと醤油で割ったゴボウ醤油などの野菜醤油を料理にあわせることもある。

上質な雰囲気の店内は、お客さんの居心地を考えたゆったり仕様で、エントランスから完全バリアフリーというのもうれしい。

友人や家族と一緒に座り心地のよい椅子と広いテーブルでゆったりと食事ができるのも魅力だ。「割烹の醍醐味はカウンター席」と考えるお客さんのために、椅子は肘掛け付きでゆっくりと。

実家が酒屋だという主人が厳選した日本酒も楽しめ、日本酒の三種飲み比べはランチタイムもOK。昼酒ファンが喜ぶ店だ。

Lunch
● 丹色御膳(突出、八寸、天麩羅、ごはんもの、甘味)1,800円

Dinner
● 6,000円のコース

★小学生以下は個室のみ利用可

青森の蔵元「田酒」の酒粕を使った粕汁。酒の風味がまろやかに溶け込んだやさしい味

和食の粋を極めた味と
居心地のよさが魅力

丹色御膳の八寸

ステーキ・鉄板焼き

和黒 北野坂本店

わっこく きたのざかほんてん

神戸・三宮

鉄板を目の前にしたカウンター席だけの店内

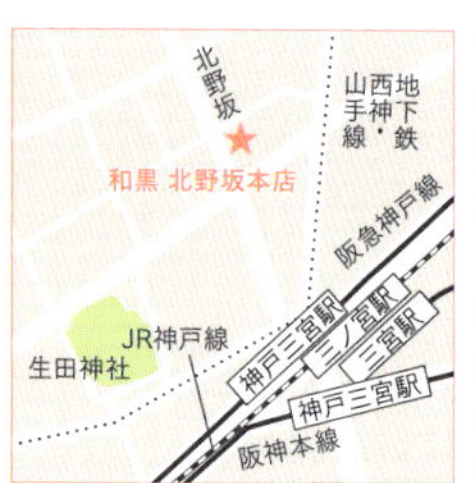

078-222-0678
神戸市中央区中山手通1-22-13 ヒルサイドテラス1F
JR三ノ宮駅、阪神・阪急神戸三宮駅より10分
12:00～22:00（21:00LO）
※ランチは14:30LO
休 なし
カウンター33席
予 可　P 提携Pあり　禁煙席なし
V、MA、JCB、AMEほか

肉は「ゲタ」と呼ばれる木の上にのせて常温に。その旨みを余すことなく味わうために、素早く切り分けて真ん中の部分から焼きはじめる。表面を焼いたら肉を立て、切り口をすべて焼くことで、おいしさをぎゅっと閉じ込める。

シェフの滑らかな手さばきに見とれていると、香ばしい匂いとともに焼きあがってくる。最初のひと口は、肉の旨みを最大限に引き出す塩で。素材のよさを引き立てるのは、少し辛さが感じられる赤穂の塩。本物だけが醸しだす味が、口の中でとろけるようにふわりと広がる。徳島のスダチをふんだんに使ったオリジナルのポン酢やマスタードしょう油でも味わいたい。

お客さんの食べるスピードに合わせて一番おいしい状態でサーブされるのも老舗ならでは。極上の肉をゆっくりと堪能したい。

Lunch
- ランチセット3,880円
- お昼のコース4,880円

Dinner
- コース8,580円～

※昼夜共に別途サービス料10%

極上のサーロイン

創業36年の老舗で極上の神戸牛を味わう

目の前で焼きあげる神戸牛のステーキ

フランス料理

la Maison de GRACIANI 神戸北野

らめぞん どぅ ぐらしあに こうべきたの

神戸をイメージしたステンドグラスプレート

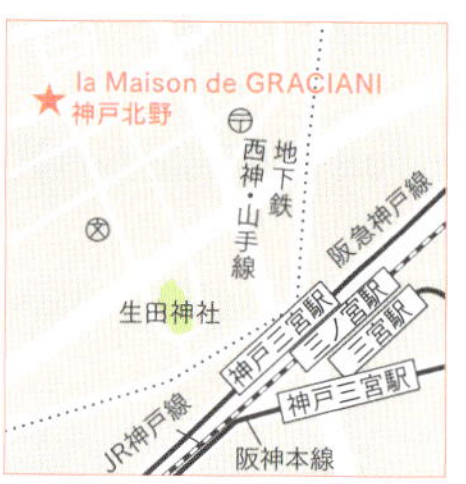

078-200-6031
神戸市中央区北野町4-8-1
JR三ノ宮、阪神・阪急神戸三宮駅より15分
12:00〜14:00(LO)
17:00〜21:00(LO)
月曜(祝日は営業、翌日休)
テーブル40席、個室あり
予 可　P なし　禁煙
V、MA、JCB、AMEほか

北野の異人館通りにある、ひときわ華やかな洋館。ウエイティングルームからキッチンの様子が見え、これから出てくる料理への期待が高まる。テーブルに置かれた神戸をイメージしたステンドグラスのプレートは、一人ひとり模様が違う。雰囲気に浸りながら待つ時間も楽しい。

この日のメインはイタリア産仔ウサギのロニョナード。ウサギとフォアグラの旨みがしっかり詰まった肉料理だ。レバーとフォアグラのペーストを固めた一品が添えられ、ウサギの好物であるニンジンと、新生姜のエッセンスを閉じ込めたソースでいただく。

デザートはクリーミィなチョコ、ヴァローナのイランカを使ったムースをベースにカシューナッツとヘーゼルナッツのチュイールをトッピング。添えられた柑橘類も一つひとつ手が込んでいる。料理の説明を聞くのも楽しく、ひと皿に描かれた物語を味わう大人のランチだ。

Lunch

●ランチコース(アミューズ、前菜2品、肉or魚料理、デザート、小菓子、コーヒー)4,212円、7,020円

Dinner

●コース　12,960円〜

デコポンと文旦をブラッドオレンジジュースに漬け込んでほぐし、ムースにトッピング。ブラッドオレンジのシャーベットを添えて

ひと皿に描かれた
料理の世界観を味わう

イタリア産仔ウサギのロニョナード

イタリア料理

MAISON DE PARTAGE

めぞんぱたじぇ

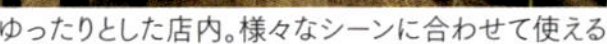
ゆったりとした店内。様々なシーンに合わせて使える

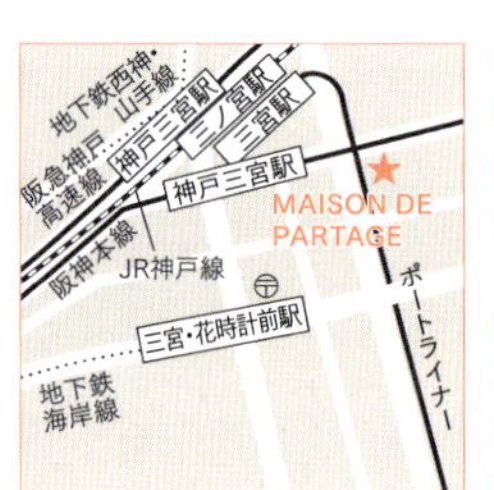

078-291-1119
神戸市中央区小野柄通6-1-3ジイテックスビルB1
JR三ノ宮駅、阪神・阪急神戸三宮駅より3分
11:30〜19:00(18:00LO)
※ランチは15:00LO
休 火曜(祝日は営業)
テーブル80席、カウンター4席
予 可(ディナーは要予約)　P なし　禁煙
V、MA、JCB、AMEほか

旬の素材を生かした健康的なイタリアンは、和食とフレンチの修業もしたシェフが腕をふるう。やわらかく、赤身の味が濃いブラックアンガス牛の肩ロースを使った豪快なステーキランチ、分厚く切った豚ロースを香ばしく焼いたメインランチなど、どちらも驚くほどのボリュームで登場する。それぞれに添えられた淡路産の玉ネギは、丸ごとをオーブンでローストしたもので、自然の甘みがあふれ、肉の味を引き立てる。淡路島にプライベート畑をもち、太陽をたくさん浴びた新鮮な野菜のみずみずしさが味わえるのもうれしい。

ランチタイムには、店内で焼きあげるドライフルーツや野菜など5種類のパン、季節の野菜に自家製ドレッシングを添えたサラダ、ドリンクもビュッフェで提供。3種類の生パスタランチもある。カフェタイムには、フライパンケーキやチョコレートパフェなど、スイーツメニューも充実。

Lunch
- ステーキランチ1,600円
- メインランチ1,300円

※サラダ、パン食べ放題、ドリンク飲み放題

Dinner
- パーティープラン4,000円〜(要予約、10名以上)

鹿児島産茶美豚をカリッと香ばしくソテー。メインランチは定期的にメニューが変わる

アンガス牛のステーキ

イタリア料理

E.H BANK

神戸・元町

いーえいちばんく

人気の黒毛和牛の牛すじ煮込みカレー

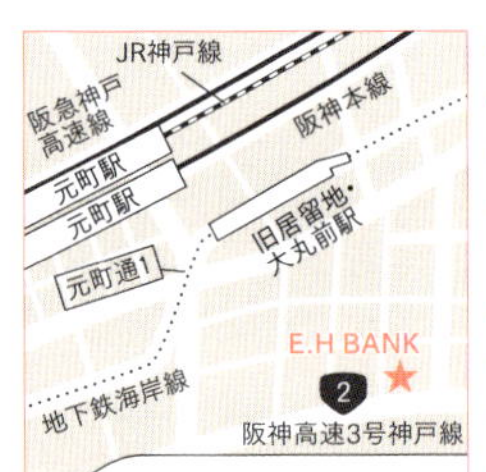

078-331-6553
神戸市中央区海岸通9番地 神戸チャータードビル1F
JR・阪神元町駅より10分、地下鉄旧居留地・大丸前駅より7分
11:30〜翌1:00(金・土曜は翌3:00まで、日・祝日は0:00まで)
フード23:00LO、ドリンク閉店30分前LO
休 なし
テーブル55席、カウンター7席
予 17:00以降可　P なし　禁煙(可能な時間有)
V、MA、JCB、AMEほか

旧居留地を代表する近代建築のひとつ、チャータードビルに入るカフェダイニングバー。空間デザイナーの間宮吉彦氏が内装を手がけ、元銀行として使われた名残のぶ厚い金庫扉や、本大理石の壁面もそのまま残され重厚な雰囲気をただよわせている。震災にも耐え抜き、2001年に店をオープン。昼間は大きな窓から自然光が差し込み、夜には高い天井に吊るされたシャンデリアに灯りが入る。その雰囲気もまたエレガントだ。

2プレートランチはハーフサイズのパスタとメインが両方楽しめるお得なセット。この日のメニューは生ハムとキノコのスパゲティとポークカツに、コンソメスープと黒糖パンまたはライスがついてボリューム満点。異国情緒ただよう空間で、日常の喧騒を忘れてゆったり食事を楽しもう。ケーキなどのカフェメニューや、アルコールも充実しているので、さまざまなシーンで利用したい。

Lunch
- 2プレートランチ(スープ、ハーフパスタ、ハーフ日替わり、黒糖パンorライス)1,380円
- 日替わりランチ(サラダ付き)1,080円

Dinner
- 6種のソーセージ盛合わせ1,242円
- 鶏もも肉とキノコのカルボナーラ風スパゲティ1,458円

重厚ながら心地よい雰囲気の店内

異国情緒あふれる
近代建築ビルでランチを

中華料理

東天閣

とうてんかく

イギリス人建築家が建てた木造・瓦葺の美しい洋館

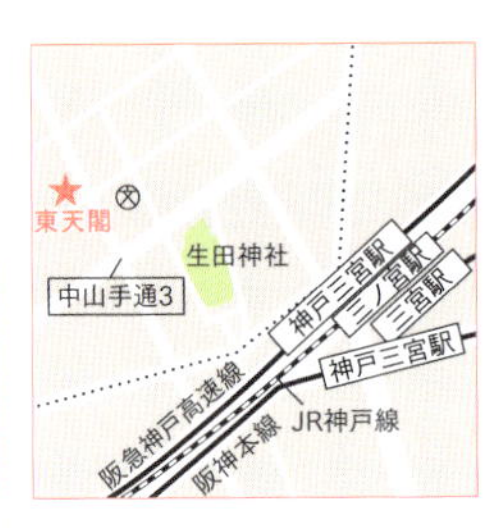

- 078-231-1351
- 神戸市中央区山本通3-14-18
- JR三ノ宮駅、阪神・阪急神戸三宮駅より10分
- 11:30〜14:30(14:00LO)
  17:00〜21:00(20:00LO)、[土日祝]11:30〜21:00(20:00LO)
- 休 なし
- テーブル200席、個室あり
- 予 可　P 7台　分煙
- V、MA、JCB、AMEほか

神戸に残る異人館の中で一番古く、120年以上の歴史がある建物。ドアマンの迎えを受けて館の中へ入ると、ふわっと茶香炉からふくいくたる香りがただよう。高い天井に豪華な装飾、古いマントルピースなど、どの部屋も住居として使われていたぬくもりが感じられる。2階へ上がる階段の踊り場にあるステンドグラス、窓に面したテラス席などの雰囲気もまさに異人館らしいエレガントさだ。

館を建てたドイツ人F・ビショップ氏の名前を冠したビショップコースは、メイン料理12品の中から3品を選ぶ。

季節感を大切にした中国の王宮料理で、味のベースとなるスープは伝統的な味を守りつつ、一品一品に創意工夫が込められている。1945(昭和20)年の創業から70年以上の時を刻み、北京料理をベースに洗練された神戸の味となり、店の雰囲気やサービスも含めて、地元では「特別な日の東天閣」と言われている。

Lunch
- ビショップコース(7種前菜、フカヒレスープ、3品セレクト、五目炒飯、デザート)一人4,320円
  ※2名より
- セレクトランチ2,500円

Dinner
- 8,000円コース
- 10,000円コース

7品前菜盛り合わせ。食材の持ち味を生かし、全体的にあっさりと上品な味だ

異人館の個室で洗練された王宮料理を

ビショップコースからメイン3品

黒十

こくとう

ゆっくり食べられるシックな店内

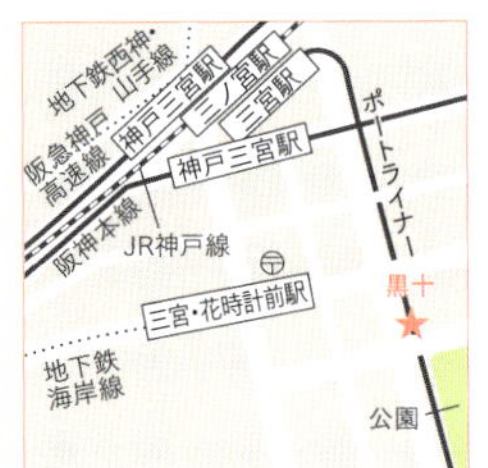

- 078-265-5910
- 神戸市中央区磯上通6-1-9 神戸MKビル1F
- JR 三ノ宮駅、阪神・阪急神戸三宮駅より5分
- 11:30〜15:00(14:30 LO)
  17:30〜23:00(22:00 LO)
- 休 不定休
- テーブル31席、カウンター8席、個室あり
- 予 可　P なし　禁煙(夜は喫煙可)
- V、MA、JCB、AMEほか

スタイリッシュな空間で滋味深い自然薯料理を

山芋の中でも特にねばりが強く「山芋の王様」とも呼ばれる自然薯。自然薯料理専門店の名物とろろごはんは、皮ごとすりおろした自然薯を自家製のだしと合わせる。風味豊かなとろろを十分に味わえるよう、ごはんは粒のしっかりした「さがびより」と少量の麦を混ぜて炊く。ごはんはお代わりできるので、1杯目はおかずと、2杯目をとろろで食べるお客さんが多いそう。黒十膳の主菜は旨味唐揚げ、本日のお造り、牛タンの網焼きなどから選べる。

黒を基調にしたシックな店内は、ペンダントライトが吊るされ落ち着いた大人の雰囲気。2階には座敷タイプの個室が2部屋あるので、子ども連れでくつろぐ人も多い。体にうれしい料理をお腹いっぱい食べて、満足感にひたろう。

Lunch

- 自然薯とろろ定食(平日限定)1,080円
- 黒十膳(サラダ、前菜2種、自然薯とろろ、香物、柚子風味の大根汁、メイン、デザート)1,490円

Dinner

- 長芋とろろ醤油鍋(1人前)2,030円
- 鮭とイクラの釜飯(2〜3人前)2,052円
- お鍋、釜飯のコース3,780円〜

黒十膳

神戸・三宮

ISOGAMI FRY BAR

和食

いそがみふらいばる

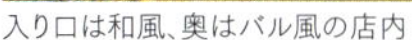
入り口は和風、奥はバル風の店内

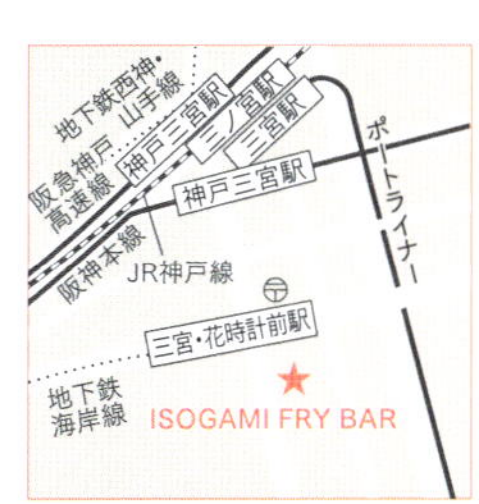

- 078-862-6080
- 神戸市中央区磯上通8-1-13角丸ビル1F
- 阪神神戸三宮駅より4分、JR三ノ宮駅・阪急神戸三宮駅より7分
- 11:00〜14:00(LO)
  18:00〜23:00(フード22:00LO、ドリンク22:30LO)
- 休 日曜
- テーブル13席、カウンター6席
- 予 夜のみ可(夜はなるべく予約を)　P なし
- 禁煙席なし　V、MA、JCB、AMEほか

ヘルシーなそばを カジュアルな雰囲気で

カジュアルな雰囲気のなかで、若い人たちにも気軽にヘルシーで体にいいそばを食べてもらいたいとオープン。そばは更科の十割で、冷たくても温かくても、つるりとした食感ともちもち感が味わえる。ランチにはエビや野菜など6品の天ぷらをトッピングした天丼のほか、かき揚げ丼か天むす2つから一品がつく。香ばしくて健康的な韃靼そば茶が用意されているのもうれしい。

夜には意外な素材を組み合わせた天ぷらが登場。こちらも敷居の高いものではなく、気軽に楽しめる創作天ぷらが約20種類。軽く飲みながら天ぷらをつまみ、最後にさっぱりとそばで締めるというのが夜のおすすめだ。

Lunch

●ランチセット(そば、天丼・かきあげ丼・天むす2個から選択)1,000円

Dinner

●コース(アラカルト、サラダ、創作天ぷら、そば食べ放題、デザート)4,104円

更科十割そば

和食

日本料理 波勢

にほんりょうり はせ

神戸・三宮

桜えびの炊き込みご飯。日によって具材は違う

日本料理波勢
北野坂
山手線
西神・
地下鉄
阪急神戸線
JR神戸線
生田神社
神戸三宮駅
三ノ宮駅
三宮駅
神戸三宮駅
阪神本線

078-271-0890
神戸市中央区北野町3-1-8 北野町ライトヒルズ
JR三ノ宮駅・新神戸駅、阪神・阪急神戸三宮駅より10分
11:30～14:30(14:00LO)
17:00～22:00(21:00LO)
休 日曜
テーブル53席、カウンター10席、個室あり
予 可　P なし　禁煙席なし
V、MA、JCB、AMEほか

個室でしっぽり雰囲気を楽しむ和食

1995（平成7）年9月のオープンから20年以上、カウンター以外はすべて掘りごたつ式の個室でゆっくりできる店として知られている。2階は外から直接入れる座敷で、通称はなれ。二人から最大22人まで利用できる。

料理は季節感を大切にした正当派の和食に創作要素を取り入れたもの。造り、天ぷら、鍋と次々に出されるお昼の四季会席は圧巻の品数で、ゆっくり時間をかけて味わいたい。この日は、めずらしい「イイダコとうるいの鍋」が出され、ローストビーフのパイ包みや神戸ビーフのステーキなど、洋のテイストを加えた遊び心も楽しめた。兵庫県の龍力をはじめ、各地の地酒がそろっているのもうれしい。

Lunch

- お昼の四季会席「漣」（造り、箱物、替皿、台物、鍋、炊き込みご飯、デザート）3,996円
※2日前までに要予約。ほかに2,160円、3,240円

Dinner

- 懐石料理5,940円～
- 冬限定鍋料理6,480円～

お昼の四季会席「漣」

神戸・三宮

野菜割烹 あき吉

和食

やさいかっぽう あきよし

箸で持ち上げると麺のようになる椎茸の桂剥き

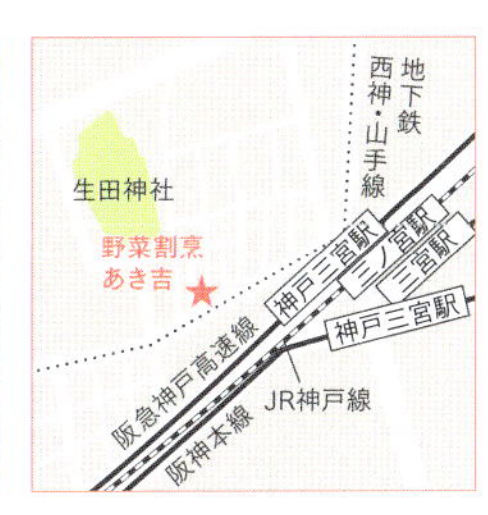

- 078-392-3788
- 神戸市中央区中山手通1-2-3 レミービル1F
- JR三ノ宮駅、阪神・阪急神戸三宮駅より5分
- 11:30〜、13:00〜※ランチは入れ替え制
  18:00〜22:00(19:30LO)
- 休 日曜
- テーブル6席、カウンター8席
- 予 可　P なし　禁煙
- 不可

野菜を堪能する新しい割烹のかたち

昼のメニューは「お野菜御膳」のみだが、四季に応じて入れ替わる料理を楽しみに季節ごとに足を運ぶお客さんが多い。野菜の仕入れは全国から行い、店主自ら八百屋に足を運んで目新しい食材を調達することも。お客さんの顔を見てから盛り付けを始める前菜の一品一品は見た目にも美しい。蓮根まんじゅうにクリームチーズを入れたり、厚揚げを野菜と共にグラタンにしたりと、従来の和食にとらわれないアレンジで楽しませてくれる。素材のもち味が楽しめるシンプルな味付けで、どの料理もホッとする味わいだ。

靴を脱いで上がる店内は、明るくて清潔感がありリラックスしてくつろげる。気軽な価格で本格和食を味わえる貴重な店だ。

Lunch

- お野菜御膳(前菜、椀物、和え物、天ぷら、蒸し物、煮込み、食事、デザート)2,000円

Dinner

- 夏会席4,500円
- 秋会席6,500円

お野菜御膳の八寸

和食

お料理 哲也

おりょうり てつや

神戸・三宮

小鉢箱中央は名物の胡麻豆腐を使った揚げ出し

- 078-391-5639
- 神戸市中央区下山手2-1-17 SHIROMURAビル4F
- JR三ノ宮、阪神・阪急神戸三宮駅より3分
- 11:45～13:30(LO)
  17:30～22:00(21:00LO)
- 休 月曜
- テーブル6席、カウンター6席、個室あり
- 予 可　P なし　禁煙
- V、MA、JCB、AMEほか

丁寧に繊細に、そして気軽に食べる本格和食

山のもの、海のもの、旬の素材が少しずつ盛られた美しい八寸は、白和え、ぬた、酒盗あんかけなど、丁寧に作られた一品ばかり。低温で2時間かけて焼いた厚焼き玉子は、しっとりなめらかでまるでプリンのよう。ひと口サイズのサバ寿司は、酒飲みの心をくすぐる酢加減で、思わず昼酒になだれ込む。

胡麻豆腐は、店主が修業時代に初めて任された思い出の料理で、生のむき胡麻と国産の吉野葛に、水と酒と塩だけのシンプルな味つけが胡麻の風味を引き立てる。西京漬けも自家製で、中央市場で選んだ魚を独自にブレンドした西京味噌に漬け込む。焼きあがった西京焼きは、ほんのり甘くて、上品な味噌の風味がたまらない。

Lunch
- 和御膳（小鉢箱、西京焼き、ご飯、デザート）2,000円
- ミニコース（和御膳＋八寸）3,000円

Dinner
- 懐石コース5,400円～
- 一品料理650円～

ミニコースの八寸

くずし割烹 こまじろ

和食

くずしかっぽう こまじろ

前日までの予約で鯛飯付きにもできる

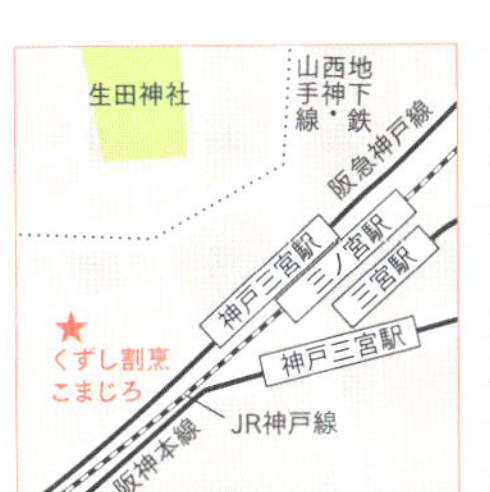

078-321-6626
神戸市中央区北長狭通2-8-9 神戸17番ビル2F
JR三ノ宮、阪神・阪急神戸三宮駅より5分
11:30〜14:00(13:00LO)
17:30〜22:00
なし
テーブル22席、カウンター6席
可　なし　禁煙(夜は喫煙可)
夜のみ可(V、MA、JCB、AMEほか)

本格割烹を気軽な居酒屋の雰囲気で味わう

「くずし割烹」というネーミングが表すように、敷居が高くなりがちな割烹に親しめるようにと工夫された店。

30分で気軽に食べられる会席料理の意味で一刻(30分)和膳と名付けられたランチは、日替わりで6品以上15品目を超える食材が少しずつ味わえる。

メインの魚の煮付けはさすが割烹の味。天ぷらは野菜ソムリエが選んだ季節の野菜だ。米は丹波篠山のコシヒカリ、有馬の山椒で手作りする有馬じゃこ、京都の錦市場から取り寄せる漬け物に食がすすむ。また、春はフキノトウ、夏はアスパラ、秋はクルミ、冬はユリネなどを使った自家製豆腐も楽しみだ。鯛飯が付く豪華なコースもあり、こちらは前日までに要予約。靴を脱いでリラックスしたひと時を。

Lunch

●一刻和膳(造り、酢の物、炊き物、豆腐、湯豆腐、天ぷら、魚の煮付けなどお任せ)1,500円
●一刻和膳＋造り盛り合せ、吸い物、鯛飯2,300円 ※前日までに要予約

Dinner

●一品料理多数。コースは3,500円〜

一刻和膳ランチ

日本料理 十三蔵

にほんりょうり とみくら

椀物。だしは厳選した日高昆布と花かつおでとる

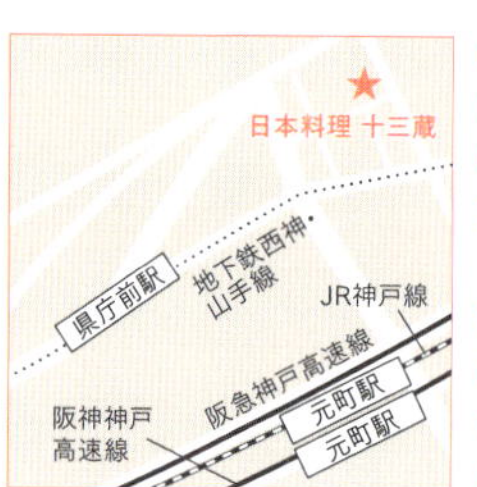

- 078-599-5230
- 神戸市中央区中山手通3-2-2 104
- JR・阪神元町駅より8分
- 11:30〜14:30(13:00LO)
  17:00〜22:30(20:00LO)
- 休 不定休
- テーブル12席、カウンター5席
- 予 可(要予約)　P なし　禁煙
- V、MA、JCB、AMEほか

四季を慈しむ 芸術的なひと皿

旬の食材を使うのはもちろんのこと、目でも季節感を味わえるよう工夫をこらし、その皿はまるで芸術作品のよう。2月の八寸のテーマは節分。思わず笑みがこぼれるおたふく面は、塩とメレンゲ、片栗粉で型をとり、表情は女将が一つひとつ手書きする。梅の枝に見立てた若ゴボウに、ビーツで縁を桃色に染めた花をあしらう。枝にとまっているのは、卵と鯛のすり身に、ヨモギペーストを練りこんで焼いたウグイス。粉糖を全体にまぶして銀世界を表現しながら、訪れる春の予感に心が踊るひと皿だ。

椀物も同じく、季節感を大切に。カキ真丈の上に敷かれた大根は、寒い日に薄くはった氷をイメージ。聖護院蕪のすり流しも、透明感のある雪景色を表現しているよう。目と舌で味わい尽くす料理に、心もお腹も満たされる。

Lunch
- 月替の懐石(先付、八寸、椀物、向付、煮物、御飯、デザート)5,184円

Dinner
- 8,640円
- 10,800円

月替の懐石の八寸

神戸・三宮

BISTRO 近藤亭

フランス料理

びすとろこんどうてい

ワインに合う前菜3種盛り

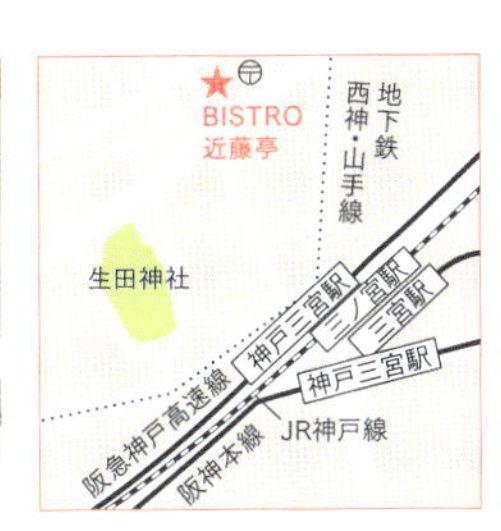

078-262-0620
神戸市中央区中山手通1-22-13ヒルサイドテラス2F
JR三ノ宮駅、阪神・阪急神戸三宮駅より8分
11:30〜15:00(14:00LO)
18:00〜23:00(22:00LO)
月曜(祝日は営業、翌日休)
テーブル26席、カウンター6席
予 可　P なし　禁煙
V、MA、JCB、AMEほか

昼夜ともにワインが楽しめるビストロ

「近藤亭の料理を家でも食べたい」というお客さんの声から生まれたキッシュは、斜め向かいの専門店「きっしゅや」でテイクアウトができる。そのキッシュ4種盛りを含むランチコースのメイン料理は6種類から選べる。4時間以上かけてホロホロになるまで煮込んだ牛ホホ肉の赤ワイン煮込みなど、手のこんだひと皿がワインにあう。コース料金にはドリンクも含まれ、シャルドネや神戸ワインなど9種類のワインリストから選ぶことができる。ソムリエの資格をもつスタッフが、豊富な知識からその人にあったワインをすすめてくれるので気軽に相談してみよう。

店内は黒と茶を基調とした落ち着いた雰囲気。ベランダにはワインの品種、メルローやシャルドネのぶどうの木が植えられている。

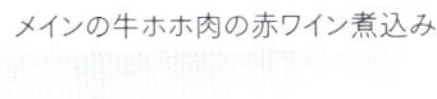

Lunch
- ランチコース(グラスワインorソフトドリンク、小さなスープ、オードブル、キッシュ4種盛り、メイン、パン)2,500円

Dinner
- "神戸・近藤亭きっしゅや"のキッシュ・ロレーヌ450円
- パテ・ド・カンパーニュ 1,000円
- おすすめペアセット 6,400円(2人前)

メインの牛ホホ肉の赤ワイン煮込み

フランス料理

Belle Table

べるたーぶる

ボリューム満点のラザニアはクリーミーな味わい

078-331-5550
神戸市中央区三宮町1-5-11
JR三ノ宮駅、阪神・阪急神戸三宮駅より5分
11:30～19:30(LO)
(ランチは14:00LO、店舗の営業は11:00～20:00)
休 水曜
テーブル16席、カウンター2席
予 6名以上で11:30～12:00入店の場合のみ可
P なし　禁煙　V、MA(3,000円以上)

繊細な味わいのフレンチをワンプレートで気軽に

パテやキッシュ、コンフィなどをそろえ、ホームパーティへの手土産や家でのおもてなしにも重宝するフレンチ惣菜の店。イートインができる2階は、シンプルな空間にゆったりした音楽が流れている。

ワンプレートランチは、メインと副菜2品、サラダ、人気のブーランジェリー「サマーシュ」のパンがつく。ある日のメインは、若どりの白みそマヨネーズ焼き。ナイフを入れれば、見た目にも新鮮さの伝わるきれいな薄桃色が表れ、その身はふんわりとやわらかい。オリーブオイルを使ったゴボウのコンフィや、サフランドレッシングでリゾーニを色づけしたパエリア風サラダなど上品かつ繊細なフレンチが気軽に楽しめる。ラタトゥイユなど、好きなデリカテッセンをチョイスしてランチにするのもいい。

Lunch
- ワンプレートランチ(サラダ、メイン、デリ2品、パン)1,296円
- キッシュランチ918円(キッシュ、サラダ、デリ2品)918円

Take out
- ラザニア1ピース972円
- ラタトゥイユ100g453円

ワンプレートランチ

神戸・元町

Souffle

フランス料理

すーふる

デザートワゴン

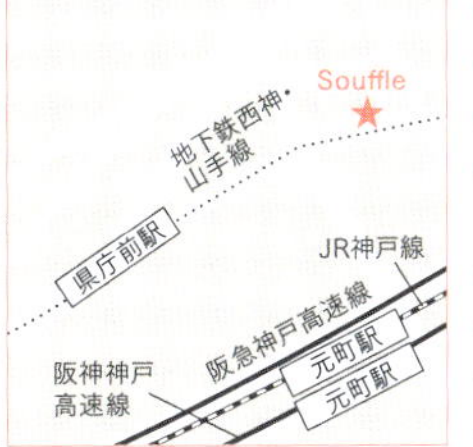

078-599-8722
神戸市中央区下山手通3-13-19萬泰ビル2F
JR・阪神元町駅より5分
11:30〜15:30(14:00LO)
18:00〜22:30(21:00LO)
休 火・第3月曜
テーブル16席
予 可　P なし　禁煙
不可

華やかなデザートに胸がときめく

白壁に木の床、テーブルクロスやナプキンはやわらかいグリーンで統一され、上品でかわいらしい雰囲気の小さなフランス料理店。女性に人気の理由は、自家製デザートのワゴンサービス。リコッタチーズのケーキやヘーゼルナッツとアーモンドのタルト、スパークリングワインのゼリーや木イチゴのムースなど、あらゆる種類のデザートがそろう。常時10〜13種類あるデザートがのったワゴンが席へやってくると、テンションが上がらずにはいられない。好きなものを選ぶとお皿に美しく盛り付けられてやってくる。全種類を、と注文するお客さんも多いそう。

デザートワゴンはBコースからだが、Aコースやランチセットでも、プラス料金でデザート3種盛りを10種盛りに変更できる。

Lunch

- コースA(前菜、スープ、メイン、デザート3種、コーヒーor紅茶)2,200円
- コースB(前菜、スープ、メイン2品、ワゴンデザート、コーヒーor紅茶)3,300円

Dinner

- コースA(前菜、スープ、メイン、デザート、ドリンク)3,000円
- アニバーサリーコース(ホールケーキ付き)5,000円

全6品のコースB。ひと皿ごとの彩りも美しい

神戸・元町

フランス料理

ALLONS-Y!

あろんじー

サラダには、パテやカルパッチョなどが添えられる

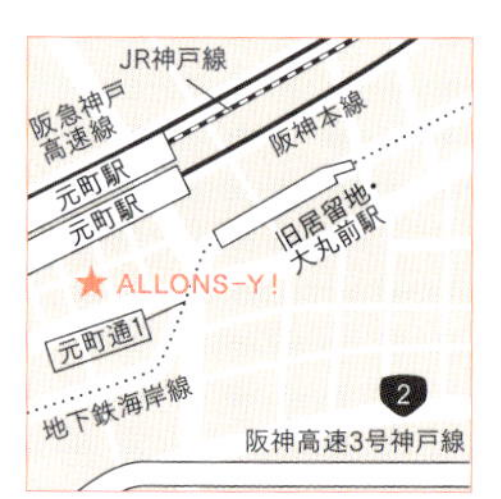

- 078-381-7363
- 神戸市中央区元町通1-10-12ももの木ビル2F
- JR・阪神元町駅より2分
- 11:30〜14:00(13:30LO)
17:30〜21:30 (LO)
- 休 火曜
- カウンター11席
- 予 可　P なし　禁煙
- 不可

カウンターで食べる隠れ家フレンチ

店の中央に大きなテーブルがひとつ。カウンター風の客席は11席のみで、小さな店の空気感を守るため、ランチタイムは一組4名まで。その雰囲気を好んでか2人連れの客がほぼ9割という、少人数で楽しみたい店だ。

ランチは1メニューのみで、自家製のパテや、マスタードソースで食べるバベットステーキなど本格フレンチがコース仕立てで味わえ、お手頃価格なのがうれしい。野菜は産直や野菜市で仕入れ、魚は明石の昼網であがるものを使う。パンも自家製のフォカッチャで、かける手間を惜しまない。シェフが調理と仕入れを担当し、ソムリエの資格をもつ奥様が接客を担当する。すっきりとシンプルな内装の店内が心地よく、気取らず楽しめるビストロだ。

Lunch

- ランチコース(スープ、サラダ、パン、メイン、デザート、コーヒーor紅茶)
1,512円

Dinner

- 仏産鴨肉のロティ
2,160円
- パテ・ド・カンパーニュ
918円

メインの牛ハラミ肉のバベットステーキ

神戸・元町

Bar & Bistro 64

フランス料理

ばーあんどびすとろろくよん

焼きたてパンを何度もお代わりする至福の時

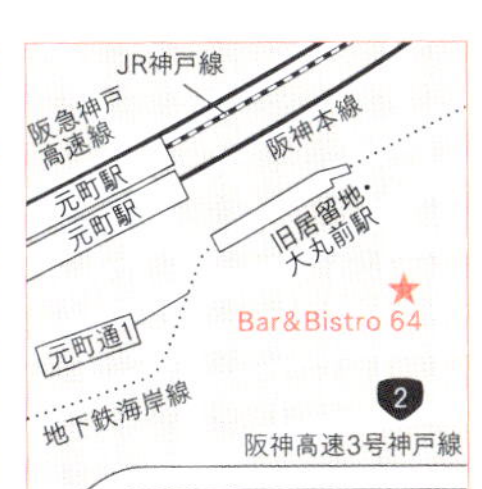

- 078-321-6411
- 神戸市中央区浪花町64番地
- JR・阪神元町駅より5分
- 11:00〜15:00
17:00〜23:30(LO)
※小学生未満入店不可
- 休 なし　テーブル91席(テラス席含む)、カウンター15席
- 予 可　P なし　禁煙(15時以降は喫煙可)
- V、JCB、AME

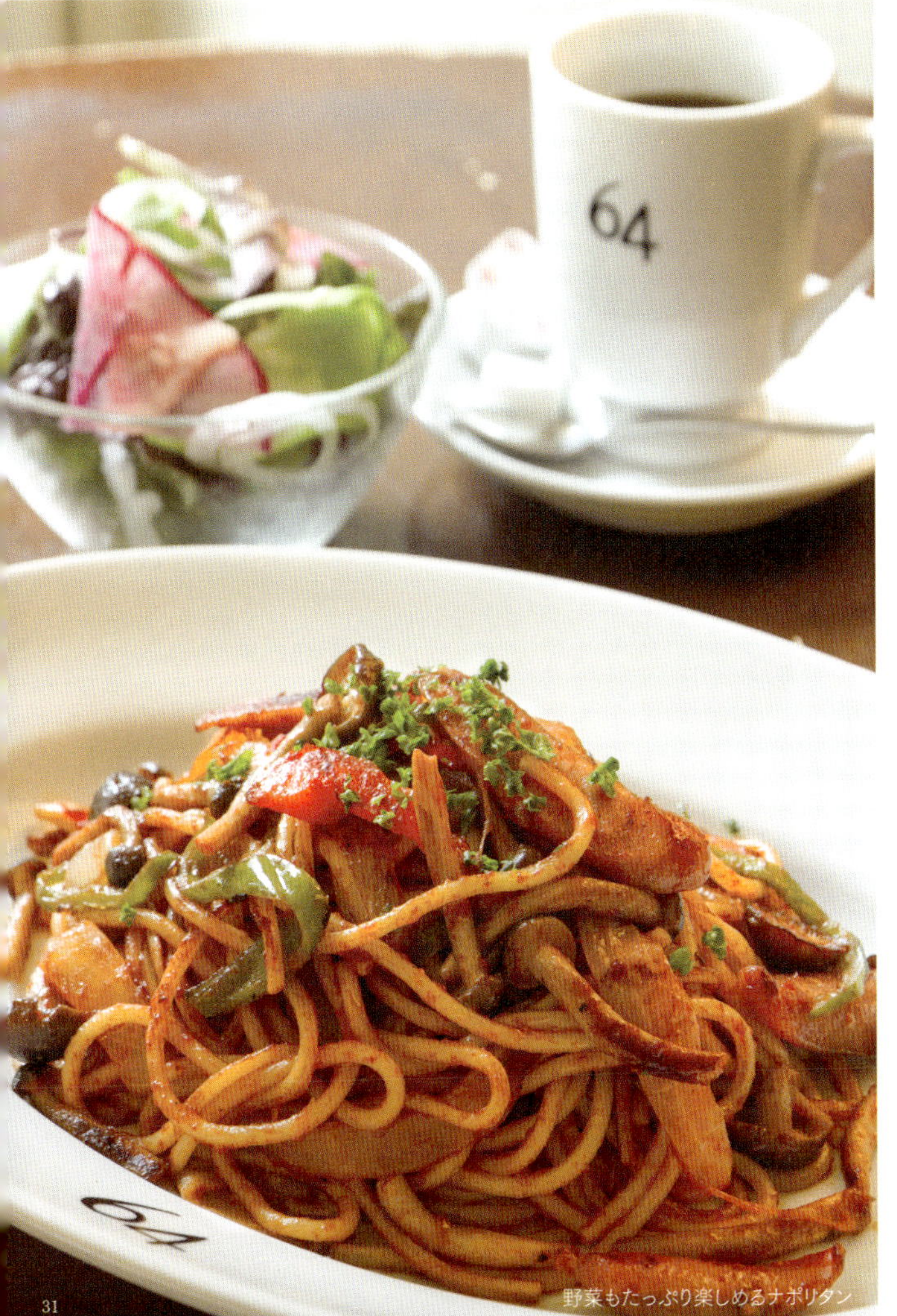
野菜もたっぷり楽しめるナポリタン

心地よい風に吹かれて優雅な時間を過ごす

異国情緒あふれる旧居留地。新緑の季節には沿道の緑とのコントラストが美しい、白い建物が「64」だ。

オープン当初から親しまれている「ナポリタン」は、もっちりした太麺がたっぷり。ソーセージとしめじ、ピーマン、玉ネギ、パプリカなど彩り豊かな野菜と共に甘めのソースで仕上げた「昔なつかしの味」に、思わず頬がゆるむ。また、11時の開店にあわせて焼きあがる自家製パンのビュッフェもランチタイムのお楽しみ。くるみレーズンやハーブなど、常時6〜7種の焼きたてパンは食事にもコーヒーにもあう味わいだ。

「パティスリー・トゥーストゥース」の人気ケーキもオーダーできる、うれしい一軒。春先には、窓からの心地よい風に癒やされる。

Lunch

●64名物！スパゲッティーナポリタン(スープorサラダ、ナポリタン、パン食べ放題、ドリンク) 1,134円
※上記価格は平日のみ

Dinner

●1/2ポンド牛リブロースのグリル ピリ辛ハリッサマスタードソース(2〜3人前)2,592円

フランス料理

BRASSERIE L' OBABON

神戸・元町

ぶらっすりーろばぼん

フランスの惣菜を盛り合わせたロバボンプレート

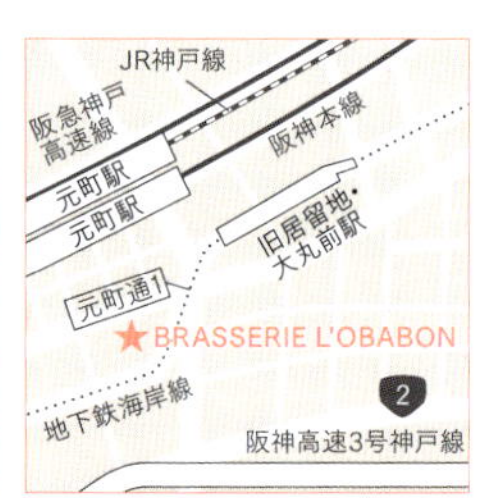

078-381-6469
神戸市中央区元町通1-4-12 MISX103
JR・阪神元町駅より3分
11:00〜23:00
(22:30LO、ランチは11:30〜15:00)
不定休
テーブル30席、カウンター5席
予 可 P なし 15:00まで禁煙(カウンターは終日喫煙可)
不可

フランス人も訪れる気軽なブラッスリー

カフェとビストロの中間であるフランスのブラッスリーを忠実に再現。細い路地にあるのも、現地の雰囲気に近い。パテ・ド・カンパーニュやキッシュ・ロレーヌなど、ブラッスリーで提供される定番メニューはもちろん、フランス各地の素材や特産物を使った料理がまんべんなくラインナップ。

ランチは日替わりの肉料理や魚料理など4種類からメインをセレクトし、前菜やデザートをプラスして2皿でごはんを食べるというフランスの食事スタイル、ドゥープラ(2皿)を基本に食べたいものを自由にチョイス。まずは料理ありきのフランススタイルで、料理にあわせてセレクトされたハウスワインも楽しみたい。

Lunch

- ランチ(メイン、前菜またはデザート、ドリンク)1,650円
- メイン(肉・魚・キッシュ・ロバボンプレート)980〜1,100円

Dinner

- 前菜盛り合わせ1,450円〜

メインの豚肉のコンフィとサーモンのポワレバルサミコソース

GREEN HOUSE Silva

イタリア料理

ぐりーんはうす しるば

ワインのお供にチーズ盛り合わせ

078-262-7044
神戸市中央区琴ノ緒町5-5-25
JR三ノ宮駅、阪神・阪急神戸三宮駅より5分
11:00〜16:00
16:00〜翌2:00(1:00フードLO、1:30ドリンクLO)
休 不定休
テーブル78席
予 18時以降のディナー利用のみ可　P なし
禁煙席なし　V、MA、JCB、AMEほか

テラスから見える光と木々に癒やされて

一見するとビルの狭間にある雑木林のような外観。「ここが店?」と、林の小道を進むと、赤いドアがあらわれる。店内に入れば森の中のひっそりとした隠れ家にいるようで、過ぎる時間を忘れてしまう。低めのテーブルとソファがゆったりと配置され、大きく開放されたテラス席から見える木々と、自然の光に心が癒やされる。

サニーカルボナーラは上にのった卵黄をからませて、より濃厚な味わいに。チーズ盛り合わせは日によって種類が異なり、ある日はカマンベール、レッドチェダー、スモークチーズの3種類。好みを伝えれば好きなものを選ぶこともできるので、スタッフに相談してみよう。終日アルコールの提供があるので、ワインを傾けながらゆっくりおしゃべりに興じるのもいい。

Lunch

- サニーカルボナーラ(サラダ、コンソメスープ付き)1,050円
- チーズ盛り合わせ950円

Dinner

- ダブル厚切りベーコンのホットサンドイッチ950円
- ハワイアンガーリックシュリンプ1,260円
- ピザ明太もちチーズ1,370円

サニーカルボナーラ

イタリア料理

Rvalentino

あーるゔぁれんてぃーの

神戸・三宮

名物の石窯。400℃の高温で一気に焼きあげる

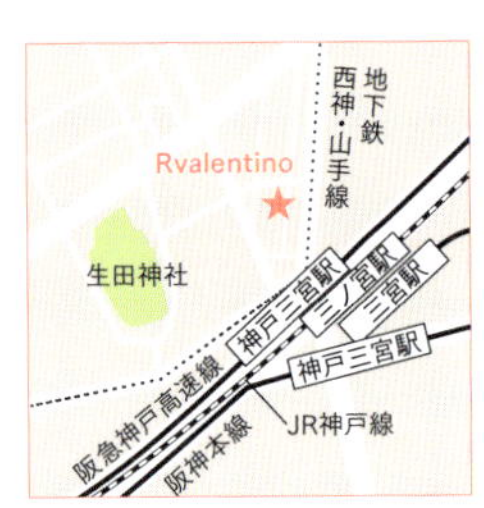

078-332-1268
神戸市中央区加納町4-5-3 ヌーバスピリットビル3F
JR三ノ宮駅、阪神・阪急神戸三宮駅より5分
11:30〜14:00(LO)
17:30〜21:00(LO)
※土日・祝日のランチは二部制(11:30・13:00／要予約)
休 なし　テーブル47席
予 可(予約がベター)　P なし
禁煙　V、MA、JCB、AMEほか

異国情緒に包まれた、笑顔が似合うイタリアン

「ヴォーノ(おいしい)?」と笑顔で声をかけるオーナーのピエトロ氏。毎日店に足を運び、客席をまわるのが楽しみなのだそう。黄色のクロスで統一された明るい店内はイタリア語や英語もにぎやかに、思い思いの時間が流れていく。

入口そばの石窯の前では、慣れた手つきでピザを作る職人の姿。薪を使い高温で一気に焼きあげることで、もっちりとしながら軽い口あたりに仕上がるのだ。オーナーの故郷で親しまれている自家製唐辛子オイルもクセになる味わい。タバスコがわりにぜひ試してみよう。

「大好きな神戸の街に私の祖国がある」と言うピエトロ氏。震災の年にオープンしてから21年。陽気なイタリアンは連日多くの人々でにぎわっている。

Lunch

● ランチコースA(前菜、パスタorピッツァ、デザート、コーヒーor紅茶) 1,944円

Dinner

● ディナーコース(前菜、パスタorピッツァ、お魚料理orお肉料理、デザート、コーヒーor紅茶) 4,320円〜

ランチコースA

OSTERIA BUCO

イタリア料理

おすてりあ ぶっこ

パスタランチに付くアンティパストは6種類を贅沢に

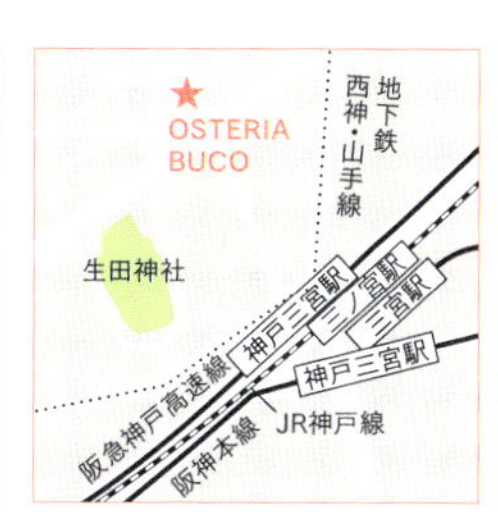

078-272-2558
神戸市中央区中山手通1-23-2
JR三ノ宮駅、阪神・阪急神戸三宮駅より10分
11:30〜15:00(14:00LO)
18:00〜23:00(22:00LO)
月曜
テーブル12席、カウンター5席
予 可　P なし　禁煙(夜は喫煙可)
不可

北イタリアの郷土料理を大人の隠れ家で

仔牛のスネ肉を野菜と共にコトコト煮込む「オッソ・ブーコ」。やわらかな肉はひと口食べるごとにほろほろほどけ、パルミジャーノが香る黄金色のサフランリゾットとの相性も絶妙だ。

2時間ほど煮込んで寝かせてをくり返し、完成までに約3日。手間がかかるだけに「おいしかった」という一言が何よりうれしいとシェフ。イタリア各地で腕をみがいていた頃、その素朴な伝統料理にすっかり魅せられてしまったのだそう。

店名のブッコは「骨」のほかに「穴」の意味ももつ。北野坂から一本入った路地裏にひっそり佇み、扉の向こうはさながら穴ぐらに迷い込んだかのよう。大人の隠れ家みたいな空間で、異国のおふくろの味をワインと共にぜひ。

Lunch

●本日の郷土料理ジビエランチ(北海道産仔牛のオッソ・ブーコ、グリーンサラダ、イタリア米リゾット) 2,600円※プラス500円でデザート&エスプレッソ付き

Dinner

●Tボーンステーキ(800〜900g/グリーンサラダ添え) 9,000円

仔牛のオッソ・ブーコ

イタリア料理

OSTERIA HANATANI

神戸・三宮

おすてりあ はなたに

さばのマリネ、ジャガイモとバルサミコ

- 078-242-5778
- 神戸市中央区中山手通1-27-10 天成ハンター坂ビル1F
- JR三ノ宮駅、阪神・阪急神戸三宮駅より8分
- 12:00～15:00(13:30LO)
17:30～23:00(21:00LO)
- 休 日曜(祝日は営業、翌日休)、月1回月曜
- テーブル4席、カウンター9席
- 予 可(予約がベター)　P なし　禁煙
- 夜のみ可(V、MA、JCB、AMEほか)

吟味した季節の素材を最高の状態で味わう

小皿、前菜からはじまり、パスタ、メイン、デザートまで、季節感のあるランチコースが堪能できる。前菜のサバのマリネは、シェリービネガーでマリネにしたサバの下に、マッシュ状にしたなめらかなジャガイモを敷き詰める。口あたりのよいさらっとしたソースで、後から口の中にまろやかな酸味が広がる。

メインは牛肉と間違えられるほど色が濃く、味も濃い大山ルビー豚のロースト。蒸し煮にした神戸産の岩津ネギに塩を少し加えて煮詰めると、甘みが引き出されてトロリとし、表面をこんがり焼いた大山ルビー豚にまろやかさをプラスする。手打ち麺や大きな筒状のパッケリなど、様々なソースで食べるパスタもおいしい。

Lunch
- ランチコース(小皿、前菜、パスタ、メイン、デザート、飲みもの)2,700円

Dinner
- 徳島産フルーツトマトと水牛のモッツァレラチーズ702円
- あさりとパセリのタリアテッレ1,674円
- シャロレー仔牛フィレ肉のカツレツ3,564円

大山ルビー豚のロースト。分厚く切った色の濃い肉は、牛肉と間違えられるそう

神戸・三宮

trattoria Coccinella

イタリア料理

とらっとりあ こちねっら

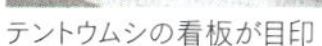
テントウムシの看板が目印

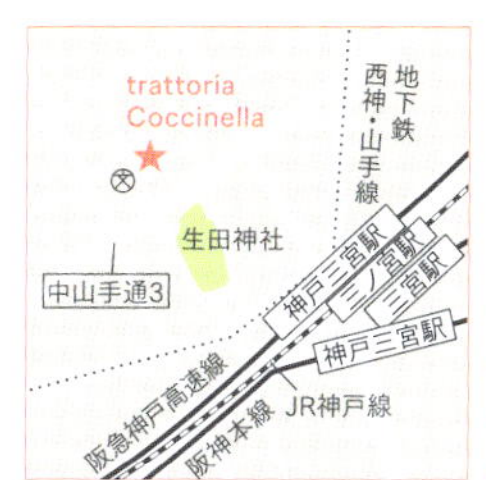

078-221-1725
神戸市中央区中山手通2-17-6
JR三ノ宮駅、阪神・阪急神戸三宮駅より10分
12:00～15:00(14:00LO)
18:00～22:30(21:00LO)
水曜（祝日は営業、翌日休）
テーブル26席、カウンター6席
可（予約がベター） P なし 禁煙
V、MA、JCB、AMEほか

カジュアルに楽しめるイタリアの味

お皿を埋めつくすように盛り付けられた17種類のアンティパスト・ミスト（前菜盛り合わせ）。季節の野菜をふんだんに使い、素材を生かしてバランスよく、一つひとつ丁寧に作り上げる。彩り豊かな盛り付けと確かな味で、アンティパスト目あてに訪れるお客さんが多いのも納得だ。少しずつゆっくりといろいろな味を楽しんだあとのパスタは、日替わりのブイヨンベースとトマトベース、ラザーニャ、ペンネ・アラビアータの4種類からチョイス。やや控えめの量で最後までおいしく食べられる。

イタリア語でテントウムシの意味をもつ店名。赤がアクセントの店内のあちこちに飾られたテントウムシがかわいらしさを演出する。

Lunch

- A（アンティパスト・ミスト、パスタなど一品、ドルチェ盛り合わせ、飲みもの）1,836円
- B（Aのメインが海の幸たっぷりのパスタまたはお肉3種類のグリルプレートに）2,700円

Dinner

- アンティパスト・ミスト1,512円
- パスタ各種1,080円～
- お肉の4種ミックスグリル 2,600円

もち豚とキャベツ、ヒヨコ豆のトマト煮込みソースのパスタ

イタリア料理

アルポルト神戸

神戸・元町

あるぽるとこうべ

ランチコースのパスタは、春らしい華やかなひと皿

アルポルト神戸
県庁前駅
地下鉄西神・山手線
JR神戸線
阪急神戸高速線
阪神神戸高速線
元町駅
元町駅

- 078-391-6771
- 神戸市中央区中山手通3-1-19 神戸トアロードホテル山楽B1
- JR・阪神元町駅より7分
- 11:30〜15:00(14:00LO)
  18:00〜23:00(21:00LO)
- 休 水曜
- テーブル52席、カウンター6席、個室あり
- 予 可　P 宿泊客のみ提携Pの利用可
- 禁煙　V、MA、JCB、AMEほか

ひと皿ごとが美しい ホテルランチ

本場のイタリア料理を日本に広めた一人とされる、片岡護シェフがプロデュース。西麻布にある本店のメニューをベースにしながら、明石や瀬戸内など近海でとれる海産物や神戸牛、地場の野菜を使い、神戸の地の利を生かした料理を提供する。この日のメインは瀬戸内産の天然ヒラメのソテー。ヤングコーンや芽キャベツなどを白ワインで煮込んだラタトゥイユを敷き、色鮮やかな春菊のソースと共にいただく。桜エビと春野菜のパスタは、桜エビの香ばしさと菜の花の苦味が広がり、口中で季節を感じるひと皿。

店は異国情緒ただようトアロード沿いの「ホテル山楽」内にある。店名の「アルポルト＝港」の船をイメージした丸い鏡が壁にあしらわれ、白とベージュが基調のあたたかみのある空間だ。

Lunch

- ランチコース(前菜5種、温菜、パスタ、メイン、デザート、コーヒー)2,700円
- シェフおまかせランチコース(冷前菜2皿、温前菜2皿、パスタ、メイン、デザート、コーヒー)4,644円

Dinner

- ディナーコース7,020円

※昼夜共に別途サービス料10%

ランチコースのメイン。天然ヒラメのソテー

Source

イタリア料理

そーす

ひときわ目をひくおしゃれな外観

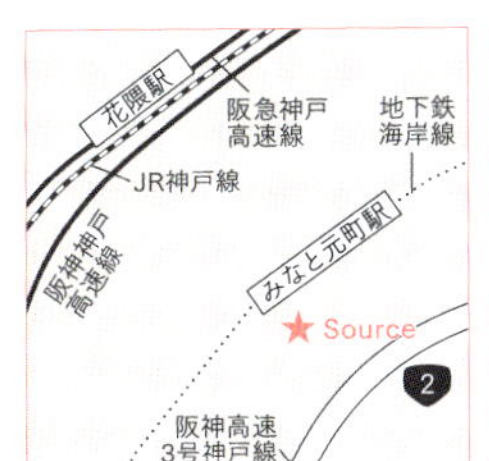

078-371-2003
神戸市中央区栄町通5-1-1
阪急花隈駅より5分、地下鉄みなと元町駅より3分
11:00～23:00(22:00LO)
※平日15:00～17:00はクローズ
なし
テーブル32席
可　なし　ランチのみ禁煙
V、MA、JCB、AMEほか

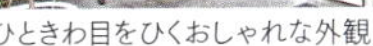

多彩なチーズを使い窯で焼くピザがおいしい

通りに面した明るいキッチン。シェフが窯からピザを取り出すと、チーズの香ばしい香りがあたりに広がる。系列のパン屋が作る生地は、全粒粉をブレンドして香ばしさを強め、その上に様々な具をトッピング。強火で一気に焼くともちっとしながら軽さが出る。マルゲリータ、ビスマルク、マリナーラといったイタリアンの定番から好みで選ぼう。パスタはすべて生麺で、ランチはクリームソース、ボロネーゼなど5種類から選べる。

パルメザンチーズ、ガーリック、オレガノなどの種類があるフォカッチャが名物で、ランチのパスタにはパンかフォカッチャがついて、お代わり自由なのもうれしい。このフォカッチャ、絶妙の塩味に思わずランチワインに手が出るほどのおいしさなのだ。

Lunch
- ピザランチ(スープ、サラダ、ピザ、ドリンク)1,750円
- パスタランチ(パスタ、フォカッチャorパン、ドリンク)1,750円

Dinner
- ピザマルゲリータ1,350円
- ピザマリナーラ1,300円

ピザビスマルク

中華料理

維新號 點心茶室 神戸店

いしんごう てんしんちゃしつ こうべてん

神戸・三宮

9階から見える神戸の景色が美しい

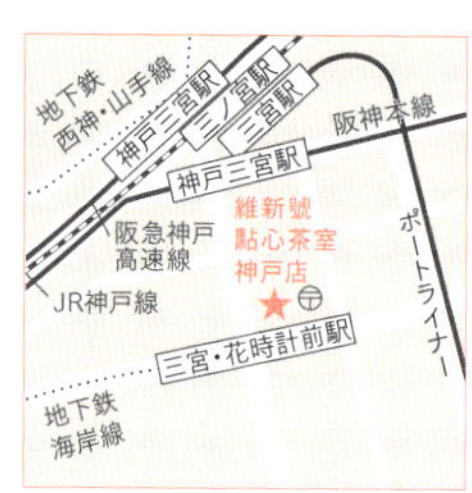

078-230-3400
神戸市中央区御幸通8-1-6 神戸国際会館9F
JR三ノ宮駅、阪神・阪急神戸三宮駅より3分
11:00～14:45(LO)
17:00～21:00(LO)[土日・祝日]11:00～21:00(LO)
休 なし
テーブル120席、個室あり
予 可　P なし　禁煙
V、MA、JVB、AMEほか

神戸の街を見下ろす眺望と共に味わう中華

神戸三宮駅から地下で直結、ホールや映画館が入る神戸国際会館は、ぐるりと半円をえがいた形状が特徴の神戸のランドマーク的存在。その独特の建物の9階にある店。窓に面したひと続きのフロアなので、どの席に座っても窓辺から神戸の街並みを眺めることができる。

自然の光がさし込む開放的な雰囲気の店内でいただくのは、ボリュームたっぷりの中華料理。ランチコースの内容は月替わりで、ひと皿ずつコース仕立てで提供される。1899(明治32)年、東京・神田で創業した維新號の流れをくみ、なるべく油をおさえ、あっさりとした中華に仕上げる。野菜もたっぷり使ったヘルシーさと満足感で、女性客の心をがっちり掴んでいる。

Lunch

- ランチコース(前菜2種、点心、スープ、白身魚のチリトマトソース、デザートなど全8品)2,376円
- 點心茶室セット(サラダ、点心、おすすめ料理、花巻orライス、やきそばorつゆそば、デザート)1,728円

Dinner

- 飲茶ディナーコース2,700円
- 杏花コース3,996円

ランチコース

神戸・三宮

香膳

中華料理

こうぜん

シックな店内は大人の雰囲気

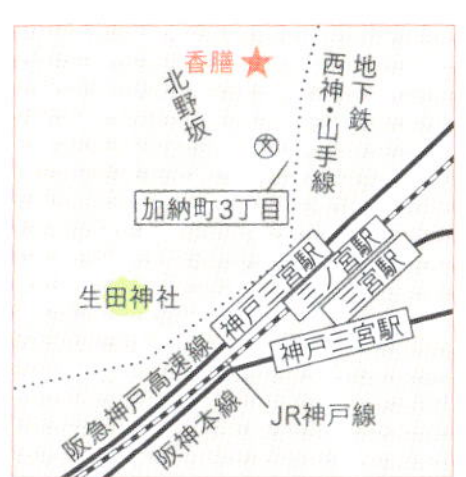

- 078-200-5575
- 神戸市中央区加納町2-3-6 クロシェットII-1F
- JR三ノ宮駅、阪神・阪急神戸三宮駅より10分
- 16:00〜22:30(22:00LO)
  [土日・祝日]11:00〜14:30(14:00LO)、16:00〜22:30(22:00LO)
- 休 月曜、火曜不定休
- テーブル20席、カウンター6席、個室あり
- 予 可　P なし　禁煙
- V、MA、JCB、AMEほか

一流ホテルの味とサービスを北野で堪能

料理をするシェフの姿が小窓から見えるカフェのような外観。その名のとおり、芳しい香りに惹かれて中に入ると、オープンキッチンの大きなせいろから湯気が上がり、中華鍋をさばくシェフの手元に目がくぎ付けになる。

ランチは土日・祝日だけのスペシャルで、メインを選び、前菜から始まるコース仕立て。ファンが多い麻婆豆腐は広東料理をベースに、本場四川風のパンチを効かせた大人の味。サイドメニューの鶏モモ肉の揚げ物香味野菜の甘酢ソースは、油淋鶏ソースの上品な甘酸っぱさが印象的。前菜からデザートまで計算された味のバランスが生きている。神戸ポートピアホテルの直営店として、味も接客も安心できる店。

Lunch

- 香膳ランチ（前菜、スープ、メイン、小菜と麺orご飯料理、デザート）2,200円
  ※土日・祝日のみ

Dinner

- 海鮮あんかけ焼きそば1,200円
- 蒸し鶏白葱ソース900円

香膳ランチの麻婆豆腐

中華料理

China Bistro EVOLVE

ちゃいなびすとろ えゔぉーぶ

蘭花コースの蒸籠むし。焼売と蒸し餃子、トウチ蒸し

078-331-5665
神戸市中央区加納町4-8-17
JR三ノ宮駅、阪神・阪急神戸三宮駅より10分
12:00〜14:30(13:00LO)
17:30〜21:00(LO)
日曜、月2回不定休
テーブル30席
予 可　P なし　禁煙
夜のみ可(V、MA、JCB、AMEほか)

Lunch

- 桂花(ケイファ)コース(前菜盛り合わせ、フグの唐揚げ、黒酢の酢豚など6品)2,600円
- 蘭花(ランファ)コース(前菜盛り合わせ、北京ダック、蒸籠むし、上海蟹入りドリアなど7品)3,600円

Dinner

- シェフのおまかせコース8,600円

リピート必至の本格中華コース

予約は12時入店のみ、ランチのコースは2種類のみにも関わらず、その席を求めて口コミでリピーターが多く足を運ぶ。北京ダックは1時間ほどかけてオーブンでじっくり焼いたアヒルの皮を、店オリジナルの小麦粉の餅皮に包んで食べる。提供の直前に蒸された餅皮は、やわらかくもっちりとして、パリパリした北京ダックとの食感の違いが絶妙なハーモニーを生みだす。北京ダックの下に敷くのはエビせんべい。香りと旨みが移り、2度目の味わいが楽しめるのがうれしい。タレは、15種類以上の調味料を調合して作る甘味噌ダレだ。コースにはフカヒレスープも入り、高級な本格中華を堪能できる。

黒とグレーを基調に、オレンジの椅子が映えるモダンでおしゃれな店内は、気取りすぎず居心地がいい。

蘭花コースの北京ダック

神戸・三宮

馨林

しんりん

中華料理

ゆったりと配置された2階席。奥の個室も広々と

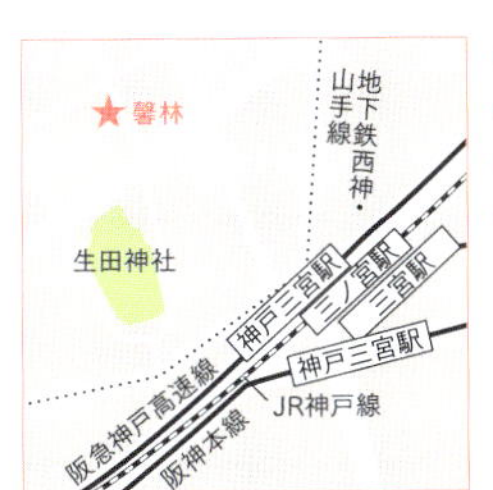

078-242-9911
神戸市中央区中山手通2-13-12 ランドマークビル神戸2・3F
JR三ノ宮駅、阪神・阪急神戸三宮駅より7分
11:30～15:00(14:30LO)
17:00～22:00(21:30LO)
[土日・祝日]11:30～22:00(21:30LO)
休 なし
テーブル80席(2F)・最大50名までの宴会可(3F)、個室あり
予 可　P なし　分煙　V、MA、JCB、AMEほか

伝統×新風。五感で楽しむ、モダンチャイナ

ハンター坂を上がってすぐ、瀟洒ならせん階段が目印。扉を開けると、ゆったりと広がるラグジュアリーな空間に肩の力が抜けてゆく。

人気のプリフィックスランチは、日替わりの前菜2品から始まり、四季折々のアラカルトよりメインをチョイス。ボリュームたっぷりの黒酢入り酢豚は、黒酢＋赤酢の自家製ブレンドの爽やかな風味に癒やされる。

徹底的に食材を吟味し、体が喜ぶものを。そんな料理長の真摯な姿勢は、かつての銘店・マンダリンパレス時代から変わらない。景徳鎮や有田焼の色鮮やかな器や、重厚な調度品の数々も上質なひと時を演出。まるで森林浴をしているような心地よさの中、忙しい日常を忘れ、五感でじっくり堪能したい。

Lunch

●プリフィックスランチ(本日の前菜2種、サラダ、メイン※月替わり8品から2品、ごはん、本日のスープ、デザート)1,404円

Dinner

●紫陽花azisaiコース(前菜の6種盛り合わせ、海老のチリソース煮込み、五目あんかけ焼きそばなど全10品) 4,320円

プリフィックスランチ

中華料理

群愛飯店 本店

ぐんあいはんてん ほんてん

群愛特製焼きそば

078-332-5203
神戸市中央区中山手通3-4-6
JR・阪神元町駅より6分
11:30～15:00(14:00LO)
17:00～21:30(20:30LO)
[土日・祝日]11:30～21:30(20:30LO)
※ランチは14:00LO
休 第1・3木曜　テーブル130席、個室あり
予 可　P なし　禁煙　V、MA、JCB、AMEほか

新鮮な食材と熟練の技から生まれる広東料理

半世紀もの間、多くの人に愛されている中華料理店。おいしさの秘訣は、新鮮な食材選びと丁寧な調理。中国野菜は主に広島などの農家から直送され、いけすには新鮮なオマールエビや魚が泳ぐ。

お昼のよくばりコースなら、スープ、蒸したての点心からデザートまで、存分に味わうことができる。名物ともいえるミンチのレタス包みは、香ばしく炒められたミンチに、玉ネギ、セロリ、クワイなどの野菜が馴染み、オイスターソースと醤油のシンプルな味付けでミンチのおいしさが引き立つ。

野菜たっぷりのあんかけ焼きそばは、パリッと焼いた香ばしい中華麺が、あんのとろみでしっとりしてくる食感の違いを味わいたい。甕出しの紹興酒のまろやかな味にさらに食が進む。

Lunch

- お昼のよくばりコース(スープ、飲茶点心、ミンチのレタス包み、海老チリソースとオーロラソース、お粥or焼きそば他から選ぶ、デザート)2,500円
- 群愛特製焼きそば864円

Dinner

- 広東風海鮮汁そば1,080円
- ミンチのレタス包み1,836円

お昼のよくばりコース

神戸・元町

Liang You

中華料理

りゃんよう

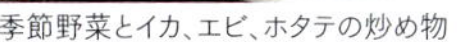
季節野菜とイカ、エビ、ホタテの炒め物

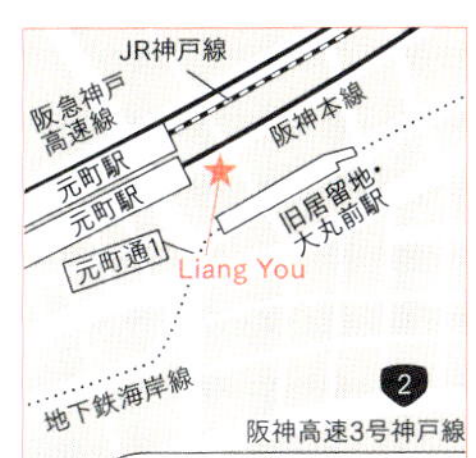

078-333-6684
神戸市中央区三宮町3-9-20南泰ビルディングB1
JR・阪神元町駅より3分
11:15〜15:00(14:30LO)
17:00〜22:00(21:00LO)
休 火曜
テーブル85席
予 可　P なし　禁煙(夜は分煙)
V、MA、JCB、AMEほか(5,000円以上)

本場さながらの点心を モダンな空間で味わう

広東料理の老舗、良友酒家のセカンドラインとしてオープンして10年。現地から呼び寄せた専門の点心師が作る本場の点心をランチでも提供する。ランチメニューの飲茶コースでは定番のチャーシューパオをはじめ、餃子、焼売の5種類が湯気の上がるセイロでテーブルに運ばれてくる。熱々の飲茶と自家製揚げ春巻きを味わったあとには、中華粥、焼き飯、ネギラーメンから1品をチョイス。デザートには自家製の杏仁豆腐かタピオカがつく。ボリュームもたっぷりで、男性も満足できる。

本店の看板メニューは、ひとつの鍋で2種類のスープが味わえる火鍋。安定した老舗の味を、通年予約なしで楽しめるのもうれしい。

Lunch
- 飲茶コース1,650円
- CHINA MODERNコース1,650円
- グルメランチコース2,700円

Dinner
- 彩コース3,240円
- 茉莉花コース3,780円

飲茶コース

中華料理

神戸元町別館牡丹園

こうべもとまちべっかんぼたんえん

神戸・元町

三種の魚介類の焼きそば

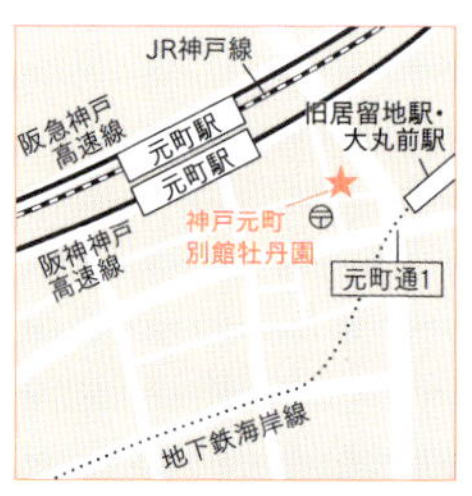

- 078-331-5790
- 神戸市中央区元町通1-11-3
- JR・阪神元町駅、地下鉄旧居留地・大丸前駅より3分
- 11:00～15:00(14:30LO)
  17:00～21:00(20:00LO)
- 休 水曜(祝日は営業、翌日休)
- テーブル150席、個室あり
- 予 可　P なし　禁煙
- V、MA、JCB、AMEほか

元町に来たら食べたくなる おなじみの広東料理

創業は１９５４(昭和29)年、60年以上神戸で愛されている広東料理店。当初は本場の味を求める華僑の人、今は世代を超えた多くのグルメ客が訪れる。現在は三代目が味を受け継ぎ、ベテラン料理人たちが腕をふるう。

前菜の蒸し鶏は、骨付きスープで煮てソフトな塩味を残す。イカの天ぷらは天然発酵の衣で外はパリッと中はしっとりと旨みを閉じ込めている。シンプルな前菜から始まってメインへと進むコース料理は、全体的に濃すぎない味。新鮮な魚介類、厳選した肉、たっぷりの野菜と、トータルであと味がいいのが特徴だ。内容が定期的に変わるのも楽しめる。単品メニューもたくさんあり、一人でも利用しやすい。3階建ての店内には、団体利用ができる部屋もあるので使い勝手も抜群だ。

Lunch

- スペシャルランチ(蒸し鶏、エビのチリソース、イカの天ぷら、スープ、ライス、ごまだんご、杏仁豆腐) 1,944円
- 三種の魚介類の焼きそば(ソフトorハード) 1,620円

Dinner

- 夜のミニコース(2～5人)5,400円

スペシャルランチ

神戸・元町

民生 廣東料理店

中華料理

みんせい かんとんりょうりてん

手作り細麺がタコを引き立てる

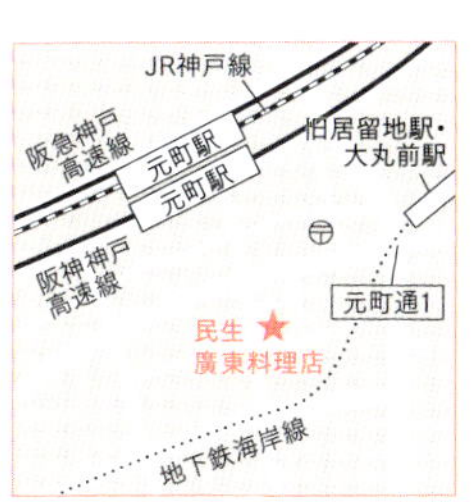

- 078-331-5435
- 神戸市中央区元町通1-3-3
- JR・阪神元町駅より3分
- 11:30～15:00(14:30LO) 17:00～20:00(19:30LO)
- 休 月曜、月1回火曜
- テーブル75席
- 予 平日の夜のみ可　P なし　禁煙席なし
- 不可

南京町の伝統ある中華料理店

創業約50年、南京町の中で最も歴史の古い中華料理店だ。イカの天ぷらは創業当時からの看板メニューで、開いたイカに味付けした片栗粉をまぶして揚げる。やわらかいアオリイカの身と、衣の「さくっ」とした独特の食感、醤油の香ばしさがクセになる。創業時に中国から取り寄せたという器は、暖房のない時代、お湯を入れて料理が冷めないように使われていた。今ではその使用法こそしないものの、独特の形状に「ゆずってくれ」と頼まれることもあるそう。

タコソバで使われる明石ダコは、豚肉と一緒に生姜、紹興酒、醤油などの調味料で煮込んで1日寝かすことで驚くほどのやわらかさに。手間暇かけた本格中華だが店内は家庭的な雰囲気で、友人や家族と食事を和気あいあいと楽しむのにうってつけの店。

Lunch / Dinner
- イカの天ぷら1,700円
- タコソバ1,900円
- フカヒレスープ2,600円
- 神戸牛と季節野菜の炒め2,600円

イカの天ぷら

ステーキ・鉄板焼き

吉向

きっこう

旨みをたたえた岩塩か自家製のポン酢でいただく

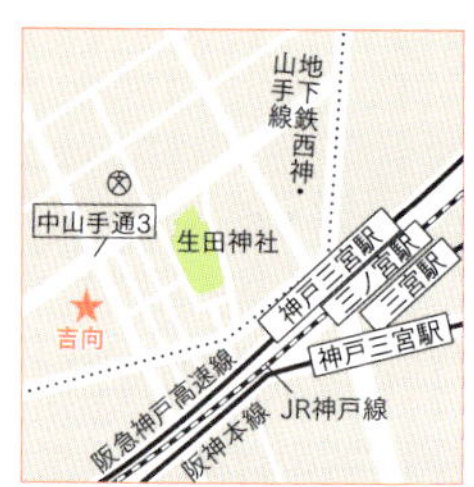

078-391-9500
神戸市中央区中山手通3-2-2 トア山手ウィング棟1F
JR三ノ宮駅、阪神・阪急神戸三宮駅より10分
12:00〜15:00(14:00LO)
18:00〜22:30 (21:00LO)
休 月曜
テーブル4席、カウンター11席
予 可　P なし　禁煙(夜は喫煙可)
夜のみ可(V、MA、JCB、AMEほか)

目の前で焼かれるボリューム満点の鉄板焼きに舌鼓

オープンキッチンの鉄板で次々に焼かれる魚介類や肉。素材ごとに焼き加減を見て、焼く面を変える鮮やかな手さばき、ジュッという音と共に香ばしい香りが漂ってくる。食欲にダイレクトに働きかけるのが鉄板焼きの醍醐味だ。

肉は黒毛和牛のみ、肉質のよいものを取り寄せ、もちろん焼き加減はお好みで。目の前で調理されたばかりの肉を皿に取り分け、やわらかな塩味の岩塩か自家製のちょっと甘めのポン酢でいただくと肉の味がきわだつ。

米は神戸市西区の小池農園のもので、メイドイン神戸のブランド米。ほどよい粘りと甘味が、魚にも肉にもあう。ボリューム満点の料理に大満足のランチだ。

Lunch
- お昼の吉向コース(アミューズ、スープ、魚料理、肉料理、サラダ、ごはん、汁物、香の物、デザート) 2,400円

Dinner
- 厨おまかせ懐石 3,900円
- ふぐコース 8,000円

お昼の吉向コース

志ん 神戸三宮店

ステーキ・鉄板焼き

しん こうべさんのみやてん

神戸牛のステーキ

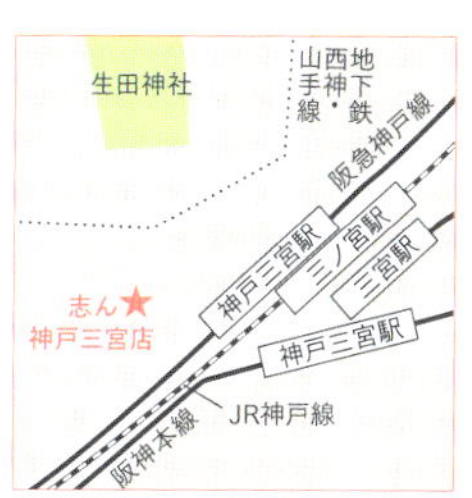

078-391-4588
神戸市中央区北長狭通2-10-12 SEIGYOビル2F
JR三ノ宮駅、阪神・阪急神戸三宮駅より5分
11:30〜15:00(14:00LO)
17:30〜22:30(21:30LO)
月曜
テーブル20席、カウンター10席
可　なし　禁煙
V、MA、JCB、AMEほか

神戸牛ひとすじに吟味を重ねた味

厳選した黒毛和牛の挽肉にステーキ用の神戸牛を加え、さらにフォアグラをサンドしたハンバーグは、神戸牛の赤身の味の濃さを意識して、その持ち味を最大限に生かす。それだけでメインになるフォアグラを、あえておにぎりの具のように包み込むと、フォアグラが溶けてハンバーグの味を引き立てる、何とも贅沢な料理だ。

デミグラスソースのほか、肉の味がダイレクトに伝わるおろしポン酢＋わさびもおいしい。神戸牛のステーキは、肉の旨みを引き立てるオリジナルブレンドの3種類の塩で。野菜は、淡路島の「成井さんちの完熟玉ねぎ」をはじめ、神戸市西区の契約農家などから取り寄せる。

シンプルな料理だからこそ、よりよい素材で勝負する。

Lunch
- 神戸牛＆フォアグラ入りハンバーグランチ 1,944円
- 厳選ステーキランチ(サラダ、ライス、味噌汁付き)8,618円

Dinner
- 神戸牛志上コース 10,778円〜

神戸牛＆フォアグラ入りハンバーグ

ステーキ・鉄板焼き

神戸プレジール

神戸・三宮

こうべぷれじーる

神戸牛、但馬牛の肉の旨みがあふれ出るステーキ

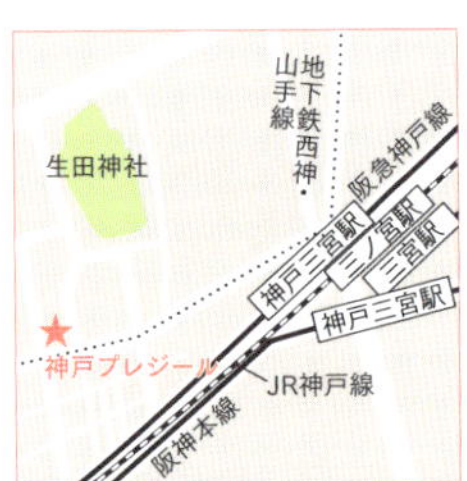

078-571-0141
神戸市中央区下山手通2-11-5 ホテル ザ・ビー神戸1F
JR三ノ宮駅、阪神・阪急神戸三宮駅より5分
11:30〜15:00(14:00LO)
17:00〜22:30(21:00LO)
休 月曜(祝日は営業、翌日休)
テーブル32席、カウンター10席、個室あり
予 可(予約がベター)　P なし　分煙
V、MA、JCB、AMEほか

生産者の顔が見える兵庫県内の食材を堪能

JA全農兵庫の直営レストランとして、神戸ビーフをはじめ、兵庫県産の新鮮な農畜産物を使った料理が登場する。県内にある各JAから米、野菜、味噌、お茶、醤油などが届くのだ。

兵庫の豊富な食材を実感できるのが「せいろ蒸し」。10数種類の野菜が入ったせいろをテーブルで蒸す。肉の下には淡路島玉ネギのスライス。肉の旨みが移って、玉ネギの甘さが更に引き立つ。せいろで蒸すと、野菜がもつ旨みが逃げず、肉は脂がほどよく溶け出し、ヘルシーに。シンプルに竹炭塩で食べると、肉の甘さがきわだつ。しゃぶしゃぶも含めてすべての料理に、初めのひと口は竹炭塩をすすめられるのも納得だ。

店内の雰囲気は豪華で、個室や団体利用ができるホール席もある。

Lunch

- せいろ蒸し(美肌酢、食前のお愉しみ、せいろ蒸し、旬菜盛り合わせ、食事、デザート、コーヒー)3,240円〜
- 鉄板焼 3,240円〜

Dinner

- 鉄板焼8,640円〜
- しゃぶしゃぶ、・せいろ蒸し6,480円〜

夜のみ別途サービス料10%

せいろ蒸し(2人前)

神戸・三宮

インド料理 ショナ・ルパ

インド料理

いんどりょうり しょな・るぱ

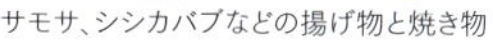
サモサ、シシカバブなどの揚げ物と焼き物

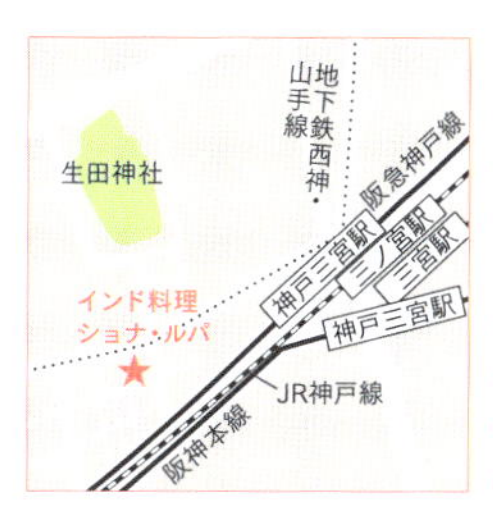

078-322-0252
神戸市中央区下山手通2-2-9 ライトハウス3F
JR三ノ宮駅、阪神・阪急神戸三宮駅より5分
11:30～14:00(LO)
17:30～21:30(LO)
水曜(祝日は営業)
テーブル36席
予 夜のみ可　P なし　禁煙
夜のみ可(V、MA、JCB、AMEほか)

スパイスが織りなす上質のインド料理

オープン19年。インド・五つ星ホテルの料理長として経験を積み、料理学を学んでオリジナルレシピをもつシェフが、オープン以来変わらぬ味を提供する。ランチタイムには、チキンやキーマ、野菜などの日替わりカレーとナン、揚げ物や焼き物などのセットが人気。インド料理で扱う肉はチキンとマトンのみ。日本ではなじみの薄いマトンだが、スパイスが絡みあってほぐれていく肉のおいしさを味わってほしいとシェフ。

店内奥のタンドリーで焼く串焼きは、本場の雰囲気そのもの。発酵させた生地を窯の周りにはりつけて焼いた大きなナンは、焼きたてが運ばれ、外はクリスピー、中はふんわりの食感がたまらない。辛いだけではない、スパイスのハーモニーが醸し出すインド料理の奥深さが味わえる。

Lunch
- ショナランチ1,300円
※上記は平日のみ
- ルパランチ1,800円
- カリーランチ2,800円

Dinner
- ディナーコース3,800円～

季節の野菜をふんだんに使った野菜カレー

和食

神戸酒心館 さかばやし

こうべしゅしんかん さかばやし

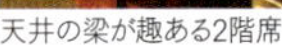

天井の梁が趣ある2階席

078-841-2612
神戸市東灘区御影塚町1-8-17
阪神石屋川駅より8分
11:30〜14:30(14:00LO)
17:30〜22:00(21:00LO)
休 なし
テーブル120席
予 可　P 60台　分煙
V、MA、JCB、AMEほか

Lunch

- そば膳(自家製豆富と前菜三種、造り、季節の煮物又は蒸し物、せいろ蕎麦、ひとくちデザート)1,950円
- 酒そば1,110円
- きき酒セット和音1,640円

Dinner

- 季節会席3,780円

酒どころ灘五郷のひとつ、御影郷にある「福寿」の蔵元で味わう会席料理。歴史のある長屋門をくぐり、手入れされた庭を通って、趣のある日本家屋の食事処へ入る。広いフロアの奥には個室がいくつかあり、会合や家族のお祝い事に重宝されている。

野菜中心の料理は、丁寧にひいただしが効いた薄味がおいしい。魚は明石をはじめとする近郊の新鮮なものが中心だ。酒蔵だけあって、日本酒とあわせるとさらにおいしくなる料理ばかり。なかでも自家製豆腐は、大豆の旨みとコクが深い逸品で、藻塩だけでシンプルにいただくと、その味わい深さがよくわかる。酒そばは、まずそばに酒をまわしかけてから、だしにつけて食べる。口に入れたとたんに広がる吟醸香がたまらない。きき酒セットで軽めの昼酒を加えれば、時間を忘れて、至福のひと時を過ごせる。

酒をかけて味わう酒そば

福寿の蔵元で味わう 会席料理と手打ちそば

そば膳の自家製豆腐と前菜三種。シメにせいろそばがつく

中華料理

老虎菜 オーキッドコート店

らおふーつぁい おーきっどこーとてん

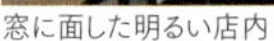
窓に面した明るい店内

078-451-0215
神戸市東灘区西岡本2-7-3オーキッドコート右峯館 1F
JR住吉駅より10分
12:00〜14:00(13:00LO)
17:30〜22:00(21:00LO)
休 木曜・第3水曜
テーブル22席
予 可 P 4台 禁煙
V、MA、AME

住吉川のほとりで、ひときわ目を引くエレガントな建物、オーキッドコート。1階にある老虎菜は、灘にある人気店の支店としてオープンした。ランチコースの前菜は6種類のプレート。カリッと揚げた酢豚は黒酢を使い、干し豆腐の和え物はネギ油で風味よく、大根パイは伝統的な味付けと、様々な味が楽しめる。蒸し点心は、甘酸っぱいトマトのシュウマイとエビギョウザ。メインは四川料理らしいピリ辛が特徴のエビのチリソース。

ひと通りの味を堪能した後は、待ちに待った日替わり3品から選ぶデザートだ。この日のチョイスは、ローズマリーのムース。トッピングは、タピオカと2時間かけて焼いたスライスパイナップル。中華料理の概念を変える艶やかなデザートに大満足。中国茶は6種類あり、別途オーダーすることもできる。雰囲気も味も、大人の女性が納得できる店。

Lunch

- ランチコース(前菜、スープ、蒸し点心、メイン、デザート)2,500円 +300円で中国茶orコーヒー

Dinner

- 焼き茄子と蒸し鶏の葱生姜ソース650円
- 明石タコとニンニクの芽のマーライ醤炒め1,500円

日替わりデザート。ローズマリーのムースにスライスパイナップルをトッピング

中華の技を極めた味と居心地のよさが魅力

ランチコース

フランス料理

神戸精養軒本店

灘・王子公園

こうべせいようけんほんてん

広々とした明るい店内でゆっくりランチを

- 078-871-4488
- 神戸市灘区上野通7-4-17
- 阪急王子公園駅より13分
- 11:30～14:00
  17:00～20:30LO(日・祝日は～21:00LO)
- 休 水曜
- テーブル60席
- 予 可　P 5台　禁煙
- V、MA、JCB、AMEほか

灘の高台にあるフレンチレストラン。1972(昭和47)年、開業当時は、フランス料理をコースを出す店はまだ少なく、ましてや住宅街では敷居が高かった。そこで、家族で食べに来やすいようにお箸を出し、カジュアルな洋食メニューを取り入れ、味付けにみりんや醤油を加えた。その味とサービスが広まるのに時間はかからなかった。

ランチは、オムライスやビーフカレーなどもいいが、時間があればコースでスープから味わいたい。季節野菜をじっくり煮込んだ自家製スープは滋養満点。

名物のハンバーグは、黒毛和牛のミンチを使い、デミグラスソースは10日間かけて煮込む。肉の旨みが凝縮されながらくどくない味に、もうひと口が進む。少しずついろいろなものを食べたいという年配の常連さんの希望に応えた欧風小皿料理も人気だ。丁寧に作られた贅沢な味をひと口ひと口お箸で味わおう。

Lunch

- 精養軒ランチ1,728円(海老フライの自家製タルタルソース添え、黒毛和牛と国産豚のミニハンバーグ、温泉卵の土佐酢ジュレがけ、サラダ、付け合わせ、スープ、パンorライス、コーヒーor紅茶)
- 華舞3,024円

Dinner

- ディナーセット2,700円

昼夜ともに限定10食の華舞。9種の小皿と煮込みハンバーグがついた充実ぶり

長年愛されているハンバーグを秘伝のデミグラスソースで

精養軒ランチ

イタリア料理

THE GARDEN PLACE SOSHUEN

ざ がーでんぷれいす そしゅうえん

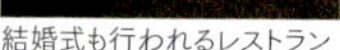

結婚式も行われるレストラン

- 078-851-3182
- 神戸市東灘区住吉山手4-7-28
- 阪急御影駅より7分
- 11:30〜15:00(14:00LO)
  18:00〜23:00(22:00LO)
  ※ランチは平日のみ。[土日・祝日]19:00〜23:00(22:00LO)
- 休 火曜　テーブル64席
- 予 可　P 15台　禁煙
- V、MA、JCB、AMEほか

風格がただよう純和風の門から中へ入ると、オリエンタルな雰囲気の室内。そのギャップに驚く。１９３４(昭和９)年建築の旧財閥の別邸として使われた邸宅。敷地１６００坪のうち、１３００坪は広大な庭園。春には桜やツツジ、秋には紅葉、冬には椿と、四季の草花はもちろん、バナナの木まで植えられ独特の世界がひろがる。庭を眺める空間でいただく食事はイタリアンだが、お箸も用意されている。和と洋が融合した上質な「ＳＯＳＨＵＥＮ」の世界は、世代を超えて訪れるものを魅了する。

Ｓｏｓｈｕｅｎコースのメインはホロホロ鳥のアッロースト。淡白なホロホロ鳥のムネ肉を、金柑のソースとリコッタチーズでいただくことでバランスのいい味わいになる。金柑のさわやかな風味がほんのりと香るひと皿だ。Ｓｏｓｈｕｅｎコース、パスタコース共に、デザートが３種類から選べるのもうれしい。

Lunch

- パスタコース(前菜、スープ、パスタ、デザート、コーヒーor紅茶)2,160円
- Soshuenコース(前菜、スープ、メイン、デザート、コーヒーor紅茶)3,240円

Dinner

- 蘇州園こだわり野菜のバーニャカウダ1,512円
- GARDENコース8,640円

※すべて別途サービス料10%

パスタコースのボンゴレビアンコ。針イカとオリーブのマリナーラなど、月ごとに変わる

四季折々に美しい庭
純和風建築で味わうイタリアン

Soshuenコースのメイン、ホロホロ鳥のアッロースト

和食

こうべ甲南 武庫の郷 平介茶屋

東灘・新在家

こうべこうなん むこのさと へいすけぢゃや

洋館の中にある日本間が食事処「平介茶屋」

078-842-2508
神戸市東灘区御影塚町4-4-8
阪神新在家駅より徒歩5分
11:30～13:30(なくなり次第終了、甲南漬資料館は10:00～17:00)
休 なし
テーブル40席
予 可 P 30台 禁煙
カード 不可

モダンな洋館の日本間で和食の原点を味わう

灘の酒粕と、自社で醸造する「はくびし本みりん」の粕を使って作る「甲南漬」。その製造元である髙嶋酒類食品の創業は1870(明治3)年までさかのぼる。かつて社長の自宅として使われていた建物は、有形文化財として登録されている雰囲気あるモダンな洋館。その食事処でいただけるのが、かまど炊きのごはんと旬の漬物がメインの「平介定食」だ。炊きたてあつあつの、もっちりとした食感のごはんを漬物と一緒に頬張ろう。トラディショナルな日本間で、庭園を眺めながらいただくシンプルな定食に、贅沢な気分になる。

資料館もあり、甲南漬の製造工程のほか創業140年の歴史を物語る備品や当時の帳簿などが展示されている。また、敷地内にある甲南漬本店では、はくびし本みりんの試飲もあり、甲南漬を買うこともできる。

Lunch
- 平介定食972円
- コーヒー324円

平介定食

蕎麦 ふくあかり

和食

そば ふくあかり

田舎そばと十割そばの二種盛りせいろ

078-767-0810
神戸市東灘区御影山手1-4-20
阪急御影駅1分
11:30〜15:00(LO14:30)
17:30〜21:00(LO20:30)
火曜日の夜、水曜日
テーブル10席、カウンター6席
予 可　P 1台　禁煙
不可

昼酒を気取りたい 手打ちそばと一品の数々

カウンター越しの厨房から立ち上る湯気、奥の小部屋で店主がそばを打つ。大きな窓から入る明るい光に照らされた店内でいただく昼の松花堂セットは限定10食。予約分は別カウントなので、予約をするのが確実だ。

松花堂に入るのは、桜エビのかき揚げ、だしまきたまご、季節の和えもの、季節の煮物、そして上品な味で脂身がおいしい京鴨のロース煮。めずらしい蕎麦豆腐は、甘味と香りがしっかりあるそばの甘皮部分だけを製粉して葛で固めたもの。口の中でとろけて、そばの香りがすっと鼻に抜ける。シメは、自家製粉し、手打ちするそば。黒いのは粗挽きの田舎そば、白いのは丸抜きの十割そば。ひと口目は塩で、次に丁寧にひいただしで作るつゆでその旨みを味わおう。

Lunch
- 昼の松花堂セット(蕎麦豆腐、松花堂盛り、二種盛りせいろor本日のそば) 1,950円

Dinner
- せいろ(生粉打ち)1,000円
- かけそば1,000円
- 京鴨ロース煮950円
- だし巻きたまご800円

昼の松花堂セットから蕎麦豆腐と松花堂盛り

フランス料理

ビストロ・アンジェリーク

びすとろ・あんじぇりーく

メインはやわらかな牛のカイノミのステーキ

078-811-9899
神戸市灘区森後町1-2-13 ル・パレ1F
JR六甲道駅より7分
12:00～14:30(13:30LO)
18:00～22:00(21:30LO)
水曜
テーブル18席
可(夜は要予約)　なし　禁煙
不可

アートのように彩られた料理のやさしい味

創業23年。毎朝届けられる野菜は近隣の道の駅から。新鮮な朝どり野菜を手にとりながら、その日のメニューを組み立てる。

彩り豊かなオードブルは、思わずメインと間違うほどのボリュームが圧巻。まずは一品目のインパクトを大切にしたいというシェフの思いが、旬の野菜をのびのびとアーティスティックに演出する。

最初に自然の酵素をたっぷりとることで体にもやさしい、いわば和食みたいなフレンチが好評。素朴な味わいの自家製パンもおかわり自由、テイクアウトのみもOKだ。

春の訪れを告げる桜鯛やイチゴなど、四季折々のものもさりげなく。大切な人と過ごすひと時やお祝いの席に、ぜひ予約をしてから出かけたい。

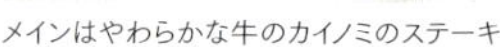

Lunch

●ランチコースA(前菜、スープ、本日のメインディシュ、本日のデザート、コーヒーor紅茶orハーブティー、自家製パン)3,240円

Dinner

●ディナーコース(オードブル、魚料理、肉料理、本日のデザート、コーヒーor紅茶orハーブティー、自家製パン)5,400円～

ランチコースAのおまかせ前菜

La Cheminée

フランス料理

らしゅみね

店内はあたたかみがあり、リラックスできる雰囲気

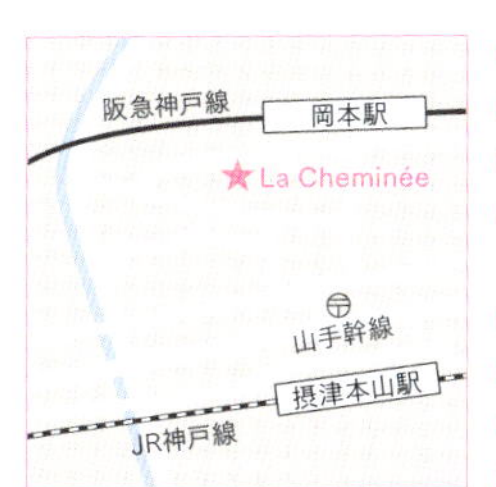

078-453-1301
神戸市東灘区岡本1-11-21 グレイス岡本ビル 2F
阪急岡本駅より1分
11:00〜14:00(LO)
17:30〜21:00(LO)
休 水曜(祝日は営業、翌日休)
テーブル22席
予 可　P なし　禁煙
不可

素材の組み合わせが光る石畳の街のフレンチ

神戸・アランシャペルに6年間勤め、ミヨネー本店での研修も経験したシェフが2012(平成24)年にオープン。フレンチとは「素材の追求」に尽きると、野菜や調味料、すべての素材のベストな組み合わせを常に研究する。

野菜は、有機野菜を中心に扱う地元の店から仕入れる。料理の個性を出すために用いるのはハーブ。ホタルイカのマリネにあわせるはちみつマスタードのソースには、タイムとディルを。淡路鶏のココット焼きには、タイムにパセリ、にんにく、生姜と、和洋の香味野菜をたっぷりと使う。

店は一面が大きな窓になっており、明るくあたたかみのある雰囲気。石畳の岡本の街にしっくりと馴染む、かわいらしさも備えるフランス料理店だ。

Lunch
- Aコース(スープ、メイン、パン、コーヒーor紅茶)2,050円
- Bコース(前菜、スープ、メイン、デザート、パン、コーヒーor紅茶)2,800円〜

Dinner
- 前菜盛り合わせ1,944円
- おまかせコース5,400円〜

Bコースの前菜サラダプランタンと、メインの淡路鶏のココット焼き

イタリア料理

Faber

ふぁーべる

イタリア産のトマトとモッツァレラを使ったマルゲリータ

- 078-452-2607
- 神戸市東灘区甲南町2-9-7
- JR摂津本山駅より6分
- 11:30～14:30(LO)
  17:30～21:30(LO)
- 休 木曜
- テーブル20席、カウンター4席
- 予 可　P なし　禁煙
- 不可

本場、イタリアの味を カジュアルに

イタリアで料理人をしていた頃、地中海沿岸を旅して様々な料理を見てきたというシェフ。そこで身につけたセンスを生かし、2008(平成20)年に店をオープン。交差点に面した入り口の大きな窯が目印だ。

ランチの前菜盛り合わせは、サラダ、フラン、フリット、フォカッチャと盛りだくさんのひと皿。サルディーニャ島の組み合わせだという、フェンネルとジャガイモの重ね焼きなど、本場イタリアのしっかり煮込むスタイルの料理がポイントだ。ホウレンソウの茹で時間は10分、ミートソースはまる1日煮込むなど、しっかり火を通して味をなじませるのがイタリア流。主な野菜は尼崎の農家から取り寄せ、魚は近海もの、肉ももちろん厳選して、お母さんが育てるハーブを加えてオリジナル料理に仕上げていく。

Lunch

- ランチコース(前菜盛合わせ、ピザorパスタorリゾット、デザート、ドリンク)1,080円～1,500円

Dinner

- 取り分けコース2,800円(2名から)
- 有機レモンクリームピッツァアマルフィー風1,600円

ランチコースの前菜盛合わせ

Ristorante Bibbi

イタリア料理

リストランテビッビ

サザエと芽ネギ、キモを使ったジェノベーゼ

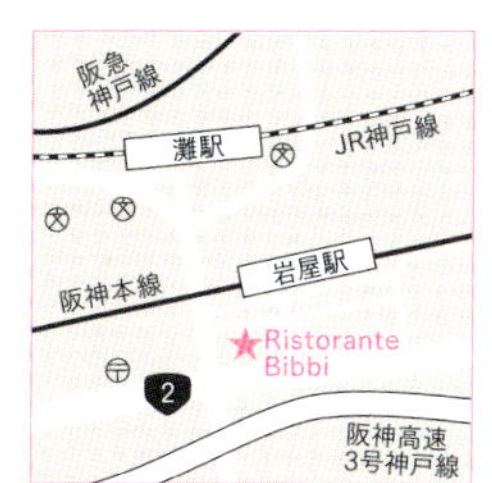

078-881-2221
神戸市灘区岩屋中町4-2-7 BBPlaza4F
阪神岩屋駅より3分、JR灘駅より5分
11:30〜15:00(14:00LO)
17:30〜22:00(20:30LO)
月曜
テーブル40席
可　ありり　禁煙
V、MA、JCB、AMEほか

繊細な感性が伝わるライトなイタリアン

ガラス張りの店内からグリーンと彫刻が見え、昼間は日差しが輝き、夜はライトアップされる。料理も見た瞬間の驚きを楽しんでもらえるようにと、色や飾りつけに気を配る。ランチはコースが2種類。季節ごとに2回ずつ変わるメニューは、高知県宿毛直送の新鮮な魚介類など、季節の厳選素材をふんだんに取り入れる。前菜のマグロとウイキョウのインサラータは、表面を軽くあぶったマグロにソラマメ、カリフラワー、ウイキョウなどを飾り付けるようにトッピング。オレンジの果汁を煮詰めたソースをあしらった美しいひと皿だ。

子ども連れも大歓迎で、親子三代で訪れる常連客も。予約時に伝えると子ども向けの味付けにも対応してもらえる。

Lunch

- A（前菜、パスタ、デザート、パン、カフェ）2,052円
- B(前菜2種、パスタ、メイン、デザート、パン、カフェ)3,456円

Dinner

- A 4,104円
- B 5,940円

マグロとウイキョウのインサラータ(手前)と、ホタテのフリットと豆のズッペッタ、キノコのリゾット

欧風料理

ラ・ポスト

らぽすと

東灘・摂津本山

異国情緒に包まれた明るく開放的な店内

078-452-8766
神戸市東灘区本山北町3-3-14
JR摂津本山駅より3分、阪急岡本駅より5分
11:30～14:30(LO)
17:30～21:30(LO)土日・祝日は17:00～
休 月曜(祝日は営業、翌日休)
テーブル34席、カウンター15席
予 可　P 1台　禁煙
夜のみ可(V、MA)

ワイングラス片手に楽しむとっておきの時間

1984(昭和59)年オープン。淡いパステルカラーで壁一面に描かれた海辺の景色は、さながら地中海に浮かぶ島々のブラッスリーを訪れたかのよう。広々とした明るい空間に癒やされる。

月替わりのパスタは、産地にこだわった旬の野菜や魚介をたっぷりと。もちっとしたタリオリーニなど、手打ち麺もセレクトできる。名物のローストチキンは、仏式のロティサリーオーブンで焼きあげること一時間。丸ごと1羽がゆっくり回転するさまをカウンターから眺めるのもまた、至福のひと時なのだ。

蔵元直送のワインの品ぞろえも約150種類と圧巻。自称「のむりえ」の店主のおすすめも気軽にたずねてみよう。仲間や家族と、時には一人で、昼間からグラスを傾けたくなる一軒だ。

Lunch

- 今月のパスタセット(前菜盛り合わせ、パスタ、パン、ドリンク) 1,260円～
- パエリア＆ローストチキンセット(サラダ、ローストチキン1/2羽パエリア添え、ミニピクルス、ドリンク) 1,460円

Dinner

- ラ・ポスト名物！魚介たっぷり鍋焼きパエリア(3人前～) 2,600円

今月のパスタセット

神戸肉匠 壱屋

ステーキ・鉄板焼き

こうべにくしょう いちや

ステーキランチ。やわらかいステーキは玉ねぎのみじん切りがたっぷり入った、醤油ベースのタレで

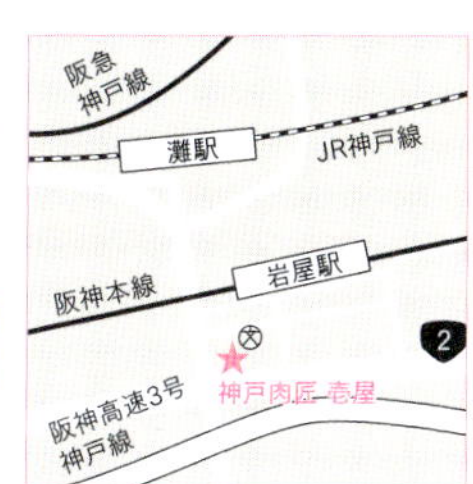

078-801-1815
神戸市灘区岩屋中町4-2-7 シマブンBBPLAZAビル別館
JR灘駅より3分 、阪神岩屋駅より1分
11:30〜15:00(14:00LO)
17:00〜23:00(22:00LO)
土日・祝日のランチは11:00〜15:00(14:30LO)
休 なし　テーブル78席、カウンター8席、個室あり
予 可　P 15台　禁煙席なし
V、MA、JCB、AMEほか

Lunch
- ローストビーフ丼850円(大盛1,000円)
- ステーキランチ(200g) 1,000円(300g)1,500円

Dinner
- 肉づくし炙り焼きフルコース3,980円
- 特選黒毛和牛・海鮮贅沢コース7,500円

肉の専門店で食べる絶品ローストビーフ丼

焼肉やステーキ、すき焼き、鍋などが落ち着いた和の空間で楽しめる肉の専門店。牛一頭からわずかしか取れないハネシタの部位を使って作るやわらかい肉質のローストビーフを、ごはんが見えなくなるまで敷き詰めた丼が名物。赤味噌をベースに作る特製ダレとマヨネーズをごはんと肉の間にはさみ、さらにすき焼きの割下にとろみをつけてアレンジしたタレをかける。上にのった温泉卵を割って、肉と2種類のタレをしっかりからめていただこう。山盛りの肉を最後まで味わい尽くせば、旨さと安さに大満足の、専門店ならではの一品だ。

夜は接待などでも使われる高級感のある店内で、リーズナブルにおいしい肉が味わえるのがうれしい。

ローストビーフ丼(写真は＋150円の大盛)

タイ料理

クワンチャイ 岡本店

くわんちゃい おかもとてん

半地下のエキゾチックな店内

078-413-2280
神戸市東灘区岡本1-4-3 坂井ビルB1
JR摂津本山駅から2分
11:00〜15:00(14:30LO)
17:00〜23:00(21:30LO)
火曜日(祝日は営業、翌日休)
テーブル36席
予 可　P なし　分煙
V、MA、JCB、AMEほか

本場のスパイスを使った上品な辛さのタイ料理

学生が多く行きかう岡本の街、山手幹線に面したビルの半地下で、本格的なタイ料理が食べられる。タイのチーク材を使ったインテリアはエキゾチックな雰囲気で、流れるタイの音楽に気分が盛り上がる。鶏は奥丹波鶏、野菜は主に契約農場から取り寄せるなど、素材選びは真剣だ。

たっぷりの野菜に厳選した香辛料やハーブを加えた料理は、ほどよいスパイシー加減でとってもヘルシー。奥丹波鶏のグリーンカレーやカシューナッツ炒めなど4種類から2品チョイスできるプーケットランチセットは、トムヤムクンもついてお得感いっぱい。辛さの調節もできるが、辛さの中に素材の旨みが感じられ、あと味がいいのが特徴。タイ国商務省が選ぶ、タイセレクトの認定を受けた店というのも納得。

Lunch
- プーケットランチセット(メイン料理2品チョイス、トムヤムクン、揚物、サラダ、ジャスミンライス、デザート、ドリンク)2,138円

Dinner
- パッタイ900円
- 空芯菜の炒め物1,000円
- ソフトシェルクラブの卵カレー炒め1,600円

プーケットランチセット

東灘・摂津本山

スパイスレストラン ぶはら

エスニック料理

すぱいすれすとらん ぶはら

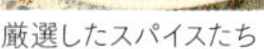
厳選したスパイスたち

078-452-5577
神戸市東灘区岡本1-4-5 マナ岡本ビル2F
JR摂津本山駅より2分、阪急岡本駅より5分
11:30〜14:00(LO)
17:00〜20:30(LO)
火・水曜
テーブル22席
可(2名より)　なし　禁煙席なし

不可

スパイスの香りに包まれて 異国を旅するように

扉を開けるとスパイシーな香りとエスニック調の音楽。壁に掛けられた大きなスパイス棚には、ガラムマサラやターメリック、スターアニス、シナモンなど多品種がそれぞれの引き出しに。苦みと辛さ、色合いのバランスを見ながら、料理にあわせて石臼でブレンドする。

香り豊かな印度カリーを軸にしたシルクロード料理は、「ここの味が恋しくて」と定期的に足を運ぶ遠方からのファンも多い。テーブルには常時6種類のスパイスをセット。好みに応じて小さな石臼でブレンドするたび、濃厚な香りが立ちあがる。

「新鮮なスパイスは身体にいいんですよ」と店主。辛さの調整なども気軽に相談してみよう。

Lunch

●ホリデイランチ（サモサ、日替わりサラダ、カリー、サフランライス、ピタパン、シナモンロイヤルミルクティ）2,278円

Dinner

●ぶはらコース（前菜、スープ、サモサ、サラダ、シシカバブ、カリー、サフランライス、ピタパン、デザート、チャイ）7,020円

仔羊のもも肉のカレー

中華料理

中国料理 四川

ちゅうごくりょうりしせん

東灘・御影

四川担々麺はまろやかな胡麻の風味

- 078-822-1277
- 神戸市東灘区御影2-10-2
- 阪急御影駅より5分
- 11:30～14:30(14:00LO)
  17:30～22:00(21:30LO)
- 休 水曜
- テーブル54席、カウンター14席
- 予 夜のみ可　P 提携パーキング有　分煙(テラス席のみ喫煙可)
- 不可

記憶に残る辛さを 開放感たっぷりの空間で

パンチの効いた辛さが特徴の「四川麻婆豆腐」。オープン前に列ができるほど親しまれている創業当初からの看板メニューだ。

その強烈な辛さの秘密は、じっくり丁寧に作られる自家製調味料。基本となる豆板醤は、発酵年数の違う4種類を巧みにブレンドすることで辛さと香りのバランスをとる。最後にたっぷりまわしかけるラー油も自家製で、仕上げの花山椒が痺れるようなインパクトと奥深い香りを完成させるのだ。クセになる辛さを堪能しながら、できたて熱々をごはんと共にほおばりたい。

オープンキッチンの明るい店内は大きな窓からの自然光が心地よい。ゆったりとした座敷や、夏はビアガーデン使いもできるテラス席など、シーンにあわせて様々な楽しみ方ができる。

Lunch

- セレクトランチ(サラダ、週替わりの5品より1品、ライス、ザーサイ、スープ、杏仁豆腐) 1,080円～※平日限定

Dinner

- 大エビのマヨネーズソース1,320円
- 四川麻婆豆腐1,050円(大 1,980円)

四川麻婆豆腐

中国菜 RUFUFU

中華料理

ちゅうごくさい るーふーふー

落ち着いたシックな内装の店内

- 078-856-8556
- 神戸市東灘区住吉本町1-1-7 1F
- JR住吉駅より3分
- 11:30〜14:30(13:00LO)
  17:30〜22:00(21:00LO)
  ※夜は小学生以下は入店不可
- 休 火曜、第3水曜　テーブル34席
- 予 可　P なし　禁煙
- V、MA、JCB、AMEほか

ボリュームたっぷり 本場の広東粥をコースで

広東粥は、米がとろとろになるまで鶏ガラスープで炊く。クリーミーな食感で日本のお粥とはかなりイメージが違うが、あっさりしていて食べやすいと年配のお客さんにも好まれている。豚の挽肉と高菜の漬物、干貝柱と白菜、シャケと生姜など内容は週替り。

コースの一品であるセイロ2段重ねは、小籠包、焼売、本日の蒸し物の3種類。大根餅は、大根の細切り、干し海老、しいたけ、チャーシューなどを上新粉と浮粉と混ぜあわせ、蒸した後、焼きあげる。外はカリっと、中はふんわりした食感で、女性に人気が高いというのもうなずける。広東飲茶粥コースはデザートまでついて全5品。ボリューム十分なので、しっかりお腹をすかせていこう。

Lunch

- 広東飲茶粥コース(前菜、セイロ蒸し、プレート、広東粥、デザート)1,846円
- 花梨コース(前菜、スープ、サラダ、点心、メイン、ご飯もの、デザート)2,570円

Dinner

- 名物よだれ鶏1,140円
- ディナーコース5,184円

広東飲茶粥コース

フランス料理

Maison de Taka Ashiya

めぞん ど たか あしや

芦屋・阪神芦屋

郊外の邸宅を思わせる素敵なレストラン

- 0797-35-1919
- 芦屋市平田町1-3
- 阪神芦屋駅より5分
- 11:30～15:30(13:00LO)
  18:00～23:30(20:30LO)
- 休 月曜(祝日は営業、翌日休)
- テーブル40席、個室あり
- 予 可　P 15台　禁煙
- V、MA、JCB、AMEほか

2016(平成28)年2月、「メゾン・ド・タカ」に店名を改めてリニューアル。オープン以来9年間シェフを務めてきた髙山英紀さんの新たな料理のシーンが始まった。2015(平成27)年ボキューズドールのアジア代表として世界へ挑戦し、みごと世界5位に輝いた髙山シェフ。その野菜づかいのテクニックは秀逸で、ひと皿にいくつもの味の世界が広がる。たとえば春のひと品は、ポーチドエッグをくずして下に敷かれたビーツとアニスのピューレと混ぜ、野菜と一緒に食べるもの。幾重にも重なる味が小気味良い。ガラスのお椀に入った一品は、スナップエンドウと豆腐のロワイヤル。トッピングのスナップエンドウとセロリの歯ごたえがよく、注がれたハマグリのスープが香ばしい。

武庫之荘の農家から取り寄せる野菜、猪名川町の猪、淡路の魚と、地産地消を大切にし、旬の味を生かした料理が味わえる。

Lunch
- 野菜中心のコース5,800円
- 肉or魚を選ぶコース4,500円(平日のみ)
- 旬のフルコース8,300円

Dinner
- メインを選ぶコース8,300円
- 旬のフルコース10,800円
- スペシャリテのコース16,500円

※昼夜共に別途サービス料10%

お箸でいただくミルクレープのお寿司は12種類、22層の野菜と酢めし

主役は野菜
和の素材で作る
美しいフレンチ

春野菜のひと品

フランス料理

Chez Mori 芦屋店

しぇ もり あしやてん

シンプルでエレガントな店内

0797-23-6464
芦屋市楠町7-16
阪神打出駅より5分
12:00～15:00(14:00LO)
18:00～22:00(20:30LO)
水曜
テーブル30席、個室あり
可　5台　禁煙
夜のみ可(V、MA、JCB、AMEほか)

Lunch

●ランチコースA(シェフのおまかせ6皿)3,780円
●ランチコースB(シェフのおまかせ8皿)5,940円

Dinner

●ディナーコース
6,480円、8,640円

打出で店をオープンしたのは1991(平成3)年、国道2号線沿いに移転してから2年。年月を経てさらに洗練された料理に進化している。白を基調とした店内は、すっきりエレガントな雰囲気で、ゆったりと席が配置され、隣の席が気にならない。入れ替えなしの一回転のみなので、ゆっくりと料理を堪能し、おしゃべりも楽しめる。

料理は、シェフ自ら毎朝市場で旬の野菜と魚を選び、様々な姿で登場するコース仕立て。口はじめは玉ネギのムースにグリンピースのスープ、アサリのジュレなどをトッピングしたひと皿。前菜はパイ生地の上に30種類の野菜を添えてサラダ仕立てに。パプリカのソースがアクセントになっている。肉料理は岩手の白金豚のグリエにトリュフのソースを添えて。こちらも季節の野菜がたっぷりだ。

彩りよく美しく盛りつけられた料理は、さっぱりと食べやすく、おなかがいっぱいになるボリュームだ。

季節の野菜と魚介のサラダ仕立てパプリカのソース

野菜づかいがポイント
アートのようなフレンチ

白金豚のグリエ、トリュフソース添え

和食

あめ婦

あめふ

奥には掘りごたつ式でゆったりとくつろげる個室も完備

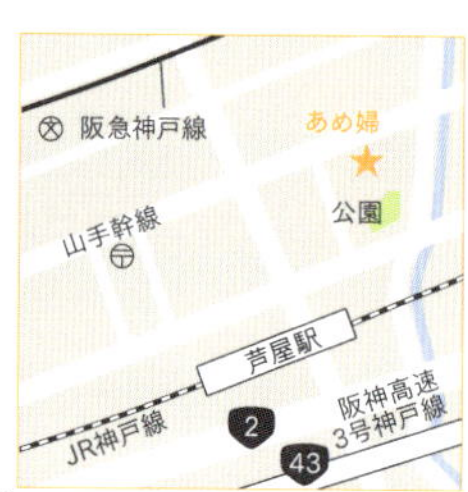

0797-23-3600
芦屋市大原町7-9
JR芦屋駅より7分
11:30～14:00(LO)
17:00～21:30
休 水曜、第2木曜
テーブル20席、カウンター4席、個室あり
予 可(予約がベター)　P 3台
禁煙　V、MA、JCB、AMEほか

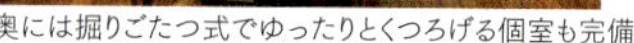
Lunch
●あめ婦御膳(先付、お造り、お吸物、揚げ物、焼き物、焚き合わせ、酢の物、ごはん、香物、甘味)4,320円

Dinner
●懐石5,940円～(計4種類／すべてランチと共通)

「手を加えすぎず、素材そのものの味を大切に」。閑静な芦屋の地で、創業以来の真摯な理念を守り続けて35年。親子二代、三代にわたって足を運ぶ常連客も多い日本料理店だ。

昼限定の「あめ婦御膳」の他に、夜と共通の懐石が計4種類。多くのファンをもつわらび餅のかわり揚げは、そっとお箸で割るとエビ、ホタテの貝柱がなんとも贅沢に。マグロ節と利尻昆布で毎朝丁寧にひくだしの風味が、旬の食材をよりいっそう引き立てる。すっきりとしながらやさしい、このだしが「ずっと変わらない味」をしっかり支えている。

大きな窓越しには、季節の花々が彩る美しい庭。ゆったり配置されたカウンター席は、女性一人でも気がねなく過ごせる特別な空間。料理にあわせた趣ある器や生花など、おもてなしの心が満ちあふれている。

名物のわらび餅のかわり揚げは、ふんわりとだしの風味がやさしい

凛とした、おもてなしの心に癒やされる

和食

京料理 たか木

芦屋・JR芦屋

きょうりょうり たかぎ

坪庭の緑を愛でながら食事ができる

- 0797-34-8128
- 芦屋市大原町12-8
- JR芦屋駅より4分
- 12:00〜13:30(LO)
  18:00〜22:00(20:00LO)
- 不定休
- テーブル24席、カウンター7席
- 要予約　Pなし　禁煙
- JCB、AME、D

駅の近くでありながら静かな住宅街、まっすぐに伸びた竹が植栽を飾る精悍な佇まいの一軒家。カウンター席から見える窓の外の緑、テーブル席から見える坪庭が、静かな和の空間を作りだす。

移りゆく四季の一瞬を切り取るように、走り、旬、名残りの食材を巧みな技で、月ごとのテーマで組み立てる京料理。選びぬかれた器に美しく盛り付けられた季節の味は、その裏にかけられた手間の分だけ心を打つ味わいだ。料理の作りおきはせず、来店を見計らって先付けを作り、食事のすすみ具合を見ながら次の品を作る。

和食給食や海外での料理指導など、和食の魅力を伝えるために積極的に活動する主人。新しい食材や技術も活用し、その豊かな感性が込められた料理は、さりげなく心にしみる。

Lunch

- コース5,940円

Dinner

- コース10,800円、14,040円、16,200円
夜は別途サービス料10%

七夕の一品。長芋そうめんに車エビ、ウニ、キャビアをトッピング

織りなす四季の一瞬を味わう風雅な京料理

お吸い物（鱧と早松）

和食

芦屋 ゆるり

あしや ゆるり

芦屋・JR芦屋

やわらぎコースの温物はゆり根の茶碗蒸し

0797-25-1255
芦屋市岩園町9-1
JR芦屋駅より15分
11:30～15:00(14:00LO)
18:00～22:00(20:30LO)
不定休
テーブル70席、カウンター5席、個室あり
予 可　P 8台　禁煙(個室のみ喫煙可)
V、MA、JCB、AMEほか

和食にとどまらない「新・精進料理」を堪能

小松菜のお浸しにクルミを入れたり、茶碗蒸しのあんかけにバターを加えてコクを出したりと「ほっとする素朴な味わいのなかに、家では食べられない特別感を」とオーナーシェフが趣向を凝らす。和食をベースに、伊・仏・中華の手法や素材を取り入れ、違和感なく着地させるのはその腕の確かさだ。やわらぎコースの肉料理、和牛モモ肉の常温ローストは、焼きあげてから常温でおくことでやわらかく食べられる。さっと湯がいた白菜と共に、醤油ベースのタレでさっぱりと。たくさん野菜を食べてほしいと、全国から取り寄せる旬の野菜をコースの中にふんだんに取り入れている。

料理と同じく、店内の雰囲気も和洋折衷。70席ほどの広々とした和テイストの空間にクラシック音楽が流れ、優雅な気分にひたれる。

Lunch
- やわらぎ(※平日限定)(小鉢2種、温物、お造り、揚げ物、肉料理、ごはん、デザート)3,024円
- なごみ(小鉢2種、温物、お造り、揚げ物、肉料理、ごはん、デザート)4,104円

Dinner
- 夕菜3,780円
- 雪6,480円

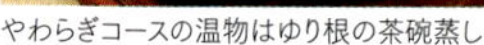

やわらぎコースの肉料理、和牛モモ肉常温ロースト

旬菜 風

和食

しゅんさいかぜ

白味噌が香るカマンベールチーズの味噌漬焼

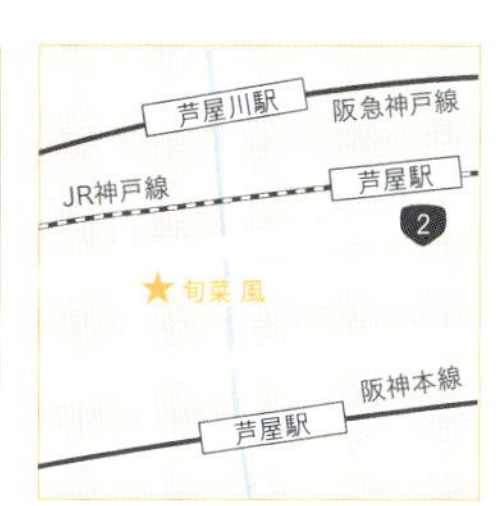

0797-25-5888
芦屋市川西町3-21
阪神芦屋駅、阪急芦屋川駅より7分
12:00～14:30(14:00LO)
17:30～22:30(22:00LO)
休 水曜、木曜昼
テーブル30席、個室あり
予 可(予約がベター)　P 提携Pあり
禁煙(夜は分煙)　不可

和み空間でいただく 心づくしの創作和食

2016(平成28)年3月でオープン12年。「干支がひとまわりしましたね」と笑う、女将の気さくな人柄と昔ながらの落ち着いた和の空間にホッとする。厨房で腕をふるうご主人との二人三脚は、今も昔も変わらない。

熱いものは熱いうちに、冷たいものは冷たいうちにと一品ずつ供されるのがうれしい「花風膳」。3日間じっくり煮込む秘伝のデミグラスソースは、やわらかな牛ホホ肉に添えて。隠し味に味噌を使い、ごはんが進む和風味に仕上げている。

また、日本酒をこよなく愛する「風」ならではの地酒の品ぞろえも秀逸。気軽な「利き酒セット」は女将のおすすめ3種を贅沢に味わえる。各地の蔵元を招いての「お酒の会」などもあり、訪れるたび幸せな気持ちになる。

Lunch

- 花風膳(前菜3種、れんこんまんじゅう、和風サラダ、本日の一皿、牛ホホ肉のやわらか煮和風デミグラスソース、ごはん・味噌汁・浅漬け、甘味)2,500円

Dinner

- フランス産カマンベールチーズの味噌漬焼き 529円
- 造り三種盛り 2,160円～

花風膳

和食

波沙鮓

なみさす

芦屋・芦屋川

2月の昼会席、如月会席

- 0797-32-8939
- 芦屋市松ノ内町3-14 チェリービュウ芦屋川1F
- 阪急芦屋川駅より4分、JR芦屋駅より7分
- 11:30〜14:00(13:30LO)
  17:00〜22:00(21:00LO)
- 休 月曜(祝日は営業、翌日休)
- テーブル10席、カウンター13席、個室あり
- 予 可　P 5台　禁煙(夜はバースペースのみ喫煙可)
- V、MA、JCB、AMEほか

江戸時代から続く伝統寿司をモダン空間で

1653(承応2)年創業の「すし萬」の直営店。宮内庁のご用命を受けたこともある伝統の味を芦屋で、しかも空間デザイナーの森田恭通氏が手がけたモダンな空間で楽しめるとあって、地元のマダムや名士らが好んで足を運ぶ。

名物の大阪すしは、その美しさと調理の際に使用される木型から「二寸六分の懐石」とも呼ばれ、焼き物、蒸し物、煮物、酢の物といった懐石料理の要素がすべて盛り込まれている。その名が全国に知られた今、各地の百貨店で持ち帰りできるものの、握りたてのおいしさは何ものにも代えがたい。会席のコースはすべて波沙鮓だけで食べられるオリジナルメニュー。「月替りおすすめ」の寿司は筥すし、海鮮ちらし寿司など、ひと月ごとに内容が変わる。

Lunch
- 月替りおすすめ(先付、揚物、すし、椀物、甘味)2,160円
- 大阪すし1,944円
- 昼会席4,320円

Dinner
- おもてなしコース7,560円
- 大阪すしコース5,400円

登録商標の小鯛雀鮨、阿奈古すしが入った大阪すしは、見栄えも華やかで土産にも喜ばれる

芦屋・JR芦屋

芦屋フレンチ 北じま

フランス料理

あしやふれんち きたじま

館内の水辺が見える上質な空間

0797-26-7774
芦屋市東芦屋町2-14エクセレント芦屋1F
JR芦屋駅、阪急芦屋川駅より6分
12:00～15:00(13:30LO)
18:00～21:30(19:30LO)
休 月曜、第3火曜
テーブル24席
予 可　P 3台　禁煙
夜のみ可(V、MA、JCB、AMEほか)

選びぬかれた素材を味わう 繊細なフレンチを芦屋で

彩りの美しさに目をみはるオードブルは、ナスタチウムやマローといったハーブや、めずらしい野菜がふんだんに取り入れられ、このひと皿に20種以上の野菜がのる。「野菜とメインとをほぼ同等に扱います」というシェフの言葉どおり、どの皿にも脇役や付け合せといった概念はなし。一つひとつの素材が個性を放つ、繊細なフレンチだ。

野菜は完全有機のものを、丹波や京都などシェフ自らが探した契約農家から仕入れる。「農家さんの人柄が伝わってくるような野菜を使いたい」という、農家と素材に対するシェフの思いが、その味を生かしきるシンプルな味つけにあらわれている。

メインの赤牛のポワレは、すっとナイフが入る焼き加減が絶妙。フォアグラとサマートリュフと共にいただく贅沢なひと皿だ。

Lunch

- Aコース(メインは魚)4,100円
- Cコース(贅沢な食材を使ったシェフのおまかせ)10,800円

Dinner

- A～Cコース7,560円～10,800円

※Cコースのみ昼夜とも同じ内容

Cコースのメイン、赤牛のポワレ

フランス料理

Le Petit Cadeau

る・ぷてぃ・きゃどー

Aコースのオードブル

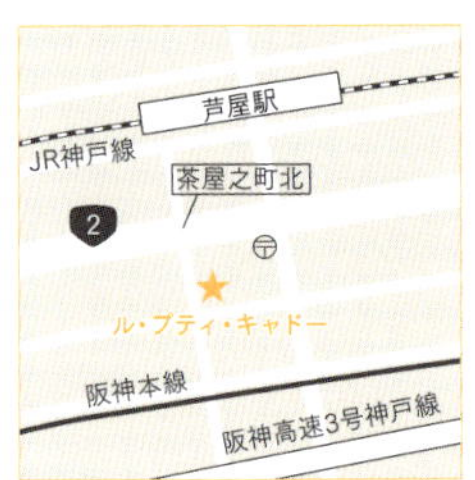

0797-35-0262
芦屋市茶屋之町5-12 スタアリィアイ芦屋2F
JR芦屋駅より5分
12:00～15:00(14:00LO)
18:00～22:00(21:30LO)
休 月・火曜
テーブル16席
予 可(要予約※当日予約も可)
P なし 禁煙 V、MA、JCB、AMEほか

贈り物をもらったような幸福感に包まれる

春には桜が咲き誇る美しい並木道沿い。「小さな贈り物」という店名どおり、まるで誰かの家にお邪魔したような、あたたかみのある空間だ。

淡路島と京丹後で大切に育てられた旬の野菜を中心に、「いろんな味をちょっとずつ」。黒豆の枝豆や丸人参など、メインの付け合せも多彩で、訪れるたびにワクワクする。野菜本来の旨みを生かした自家製ピクルスも色鮮やかにひと皿を演出し、コース全体で20種類以上の野菜が登場することも。ほんのり甘い麦味噌や寿司屋でおなじみの酢おぼろなど、和テイストも自由にとりいれる。

オープンからの予約台帳には、嗜好品などもあわせて細やかに綴られたシェフの文字。大切な記念日に、ぜひ選びたい一軒だ。

Lunch

●Aコース(オードブル、魚料理or肉料理、デザート盛り合わせ、カフェ＋小菓子)2,000円

Dinner

●Bコース(アミューズ、オードブル2品、パスタ、魚料理、肉料理、デザート、プチデザート盛り合わせ＋カフェ＋小菓子)6,400円

雪姫ポークの腕肉は手作りの麦味噌でやさしい味わいに

芦屋・阪神芦屋

PERITEI

フランス料理

ぺりてい

カジュアルな雰囲気の店内で、フレンチを気軽に

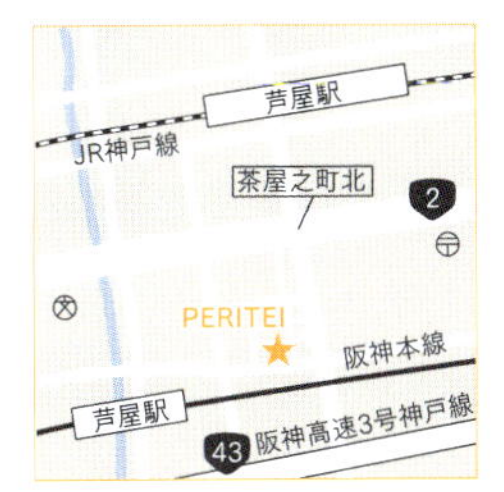

- 0797-35-3563
- 芦屋市大枡町6-12 ネオックス1F
- 阪神芦屋駅より4分
- 11:00～15:00(14:00LO)
  18:00～22:00(21:00LO)
- 休 月曜(祝日は営業、翌日休)、第1・3木曜
- テーブル20席、カウンター4席
- 予 可　P なし　禁煙
- V、MA、JCB、AMEほか

質量ともに大満足の隠れ家的なフレンチ

好みのオードブルやメインを4～5種類からチョイスするプリフィクススタイル。3コースあり、金額によって質量共にアップしていく。日替わりで用意されるオードブルは、田舎風パテと野菜のマリネ、フォアグラのフォンダンなど。メインはハンバーグ、仔羊の肩ロースのグリエ、仔鴨のムネ肉のポワレ、豚ロースのロティといった内容だ。どれも厚みのある肉をしっとりと焼きあげ、ボリュームたっぷりのひと皿。素材の旨みがしっかり伝わり、満足度・満腹度ともにかなり高い。本格フレンチを気兼ねなく食べられるというカジュアルさもうれしい。

デザートには、隣接する「パティスリーPeri亭」のケーキを注文することもできる。

Lunch

- ●A (スープ、サラダ、メイン、パン、ドリンク)1,300円
- ●B (オードブル、スープ、メイン、パン、ドリンク)1,850円
- ●C (オードブル、スープ、魚料理、肉料理、パン、デザート、ドリンク)3,050円

Dinner

- ●,700円～(4コース)
  ※ランチと同じくプリフィクススタイル

メインの一品「仔羊の肩ロースのグリエ」。メインはどれを選んでもはずれなしのおいしさ

フランス料理

Kamiya

かみや

フォアグラの最中

0797-35-7130
芦屋市川西町2-37 アシヤサウザンドビル201
阪神芦屋駅より7分
11:30〜14:00(LO)
18:00〜22:00(LO)
休 月曜
テーブル席5席、カウンター10席
予 可(昼は完全予約制)　P 16台　禁煙
V、MA、JCB、AMEほか

Lunch
●コース2,700円、3,780円
Dinner
●コース5,400円

さっと炙ったムネ肉を醤油とワサビでいただく

フレンチと焼き鳥をコースで味わう贅沢さ

割烹料理店のような広いカウンターで、焼き鳥の合い間にフランス料理を取り入れたコース料理を食べることができる。オードブルにしゃれたムースが出たと思えば、次は焼き鳥、野菜料理、そして違う部位の焼き鳥と、飽きることのない構成が楽しい。

使うのは肉質がやわらかい淡路の朝引き鶏。土佐の備長炭で焼くと表面は歯ごたえがありながら、ジューシーな味わいに仕上がる。香ばしい焼き鳥を部位によって塩かタレで味わう。

デザートには早いのに袋入りの最中が出てくると怪訝そうになる初めてのお客さん。割ってみてさらにびっくりするのだが、実は最中の中身はフォアグラと季節のジャムなのだ。コクと甘味が、えも言われぬおいしさだ。

SALT&PEPPER

フランス料理

そるとあんどぺっぱー

メインのひとつ、エビとホタテのムース

- 0797-35-2388
- 芦屋市誠道町1-18 ルネッサコート芦屋1F
- 阪神芦屋駅より3分
- 11:30〜14:30(13:30LO)
  18:00〜22:00(21:00LO)
- 休 日曜、月曜夜、第2月曜
- テーブル27席、カウンター6席
- 予 可　P 2台　禁煙
- V、MA、AMEほか

素材のもち味を生かして最大限においしく味わう

ランチは2コース。それぞれメインは5種類からチョイスできる。なかでもおすすめは、鹿児島産南洲豚のコンフィ。香辛料と塩コショウでマリネしてからオイルに浸し、焼く・蒸すが同時にできるスチームコンベクションでじっくりと肉に火を通す。最後にフライパンでソテーし、表面をカリッと香ばしく焼きあげる。中は想像を超えるやわらかさと味わいで、「豚の概念を変える」と話すシェフの言葉に、大きくうなずきたくなる。同じく南洲豚で作るハンバーグや、エビとホタテのムースなど、それぞれの素材をベストな状態で生かした料理が味わえる。

家族や友人同士でくつろげる雰囲気を大切にした店内。カウンターに座れば、話し上手なシェフとの会話も楽しい。

Lunch

- PEPPERコース(スープ、サラダ、メイン、パンorライス、デザート、飲みもの)1,550円
- SALTコース(スープ、オードブル、メイン、パンorライス、デザートor飲みもの)1,850円(前日までの予約で1,650円)

Dinner

- ミニコース3,024円
- フルコース4,104円

南洲豚のコンフィをカシスのソースで。
付け合せの野菜もオーブンで火を通し、味をしっかりと閉じ込める

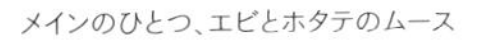

イタリア料理

Acqua Cipresso

芦屋・阪神芦屋

あくあ ちぷれっそ

壁面の手書きのイラストが味わいを出す

- 0797-22-0578
- 芦屋市大桝町5-14-3
- 阪神芦屋駅より3分
- 11:30〜15:30(14:30LO)
  17:30〜23:00(22:00LO)
- 休 月曜(祝日は営業、翌日休)
- テーブル10席、カウンター8席
- 予 可　P なし　禁煙
- V、MA、AME

薪窯で焼く30種以上の本格ナポリピッツァ

真っ赤な扉が目をひく、かわいらしい外観の店。1階にはカウンターが2席のみ、入ってすぐの階段を上がった2階がメインの客席だ。壁面に描かれたピザのイラストは、シェフの妹さんが描いたものだそう。大人カジュアルな明るい雰囲気がただよう。

厨房奥の薪窯で焼かれるナポリピッツァは、常時31種類と季節限定メニューがそろう。現地で修業を積んだオーナーシェフが生地の材料に選ぶのは、ナポリピッツァ専用につくられた本場イタリアの粉。焼きあがった時の鼻から口へとぬけていく香りが抜群なのだ。生地を窯に入れて400度で1〜1分半。高温で一気に焼きあげることで、水分を損なわずもっちり、ふわっとした食感になる。テイクアウトもできるので、家で本場の味を楽しむのもいい。

Lunch

- マルゲリータ(サラダ、ドリンク付き)1,400円
- サンタルチア(サラダ、ドリンク付き)1,600円

Dinner

- 前菜盛り合わせ(1人前)850円
- 仔牛のカツレツ2,000円

アンチョビとオリーブの塩味が効いたサンタルチア

芦屋・芦屋川

リストランテ・ベリーニ

イタリア料理

りすとらんて・べりーに

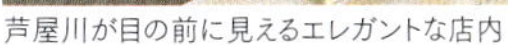
芦屋川が目の前に見えるエレガントな店内

0797-32-1777
芦屋市月若町2-17
阪急芦屋川より3分
11:30〜15:00(14:00LO)
17:30〜22:00(21:00LO)
休 木曜
テーブル100席、カウンター8席、個室あり
予 可　P 7台　禁煙
V、MA、JCB、AMEほか

野菜やハーブを使ったやさしい味のイタリアン

芦屋川のほとりにある、壁にはアイビー、エントランスには可憐な草花が育つ、ロマンチックな洋館。30年近く地元で愛されてきたリストランテで、長年腕をふるうシェフ。自ら産地へ行って食材を探し、日替わりのコース料理に取り入れる。この日の一品、鯛のカルパッチョは、30種類のハーブを使い、新鮮な鯛に、香りと味をまろやかに融合させる。契約農家から届く有機野菜をふんだんに使ったやさしい味のイタリアンは、長年通う常連さんの心を離さない。

北側に隣接するヴィラ・ベリーニは、結婚式やグループで貸し切り利用できる部屋が用意され、南側のカーサ・ベリーニは、スイーツとコールドプレスジュースなどが楽しめるカフェとして利用できる。

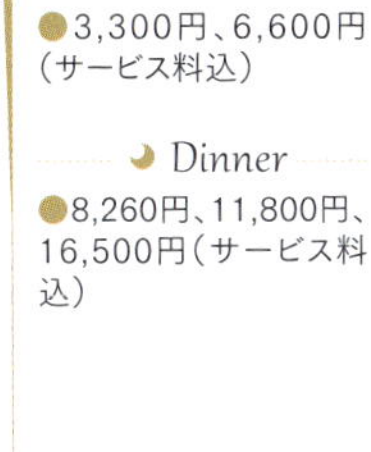

Lunch
3,300円、6,600円(サービス料込)

Dinner
8,260円、11,800円、16,500円(サービス料込)

日本鹿は、マスタードとフォンドボーのソースにトリュフとプラムのジャムを添えて

ベーカリーレストラン

神戸屋レストラン 芦屋店

こうべやれすとらん あしやてん

高い天井で開放感のある店内

阪急神戸線
神戸屋レストラン
大原中央
公園
芦屋駅
JR神戸線
2

- 0797-21-2012
- 芦屋市大原町16
- JR芦屋駅より5分
- [日～木]8:00～21:00(20:00LO)
  [金・土・祝前日]8:00～22:00(21:00LO)
- 休 なし
- テーブル114席
- 予 可　P 35台　禁煙
- V、MA、JCB、AMEほか

炭火焼の香ばしい料理を窯出しのパンと共に

窯出しパンの香りに惹かれて中に入ると、パン売り場の奥が広いレストラン。高い天井と大きな窓の店内はモダンな雰囲気で、モーニングタイムからディナータイムまで、地元の人がゆっくり過ごしている。

ランチは魚や肉、その時々でメニューが変わり、魚は様々な産地の鮮魚、肉は牛ヒウチ、淡路島産猪豚など、シェフが厳選した素材が登場する。魚や肉は、オープンキッチンの炭火焼グリルでこんがりと焼かれ、ピザは薪窯で高温で一気に焼く。兵庫県産を中心に野菜はほぼ国産、新鮮な野菜を使ったサラダはサラダバーでたっぷり食べよう。パンはもちろん焼きたてを何個でも食べられ、コーヒーのお代わり自由もうれしい。

Lunch

- 平日限定の週替りランチ(前菜、メイン料理、窯だしパン、ドリンク)2,052円
- ホリデーランチ(前菜、国産牛の炭火焼、窯だしパン、ドリンク)3,024円

Dinner

- 季節の特別コース(前菜、スープ、メイン、デザート、窯だしパン、コーヒーor紅茶)3,888円

淡路島産猪豚の炭火焼き

芦屋 咲くや

ハーブティーと料理

あしや さくや

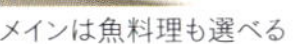
メインは魚料理も選べる

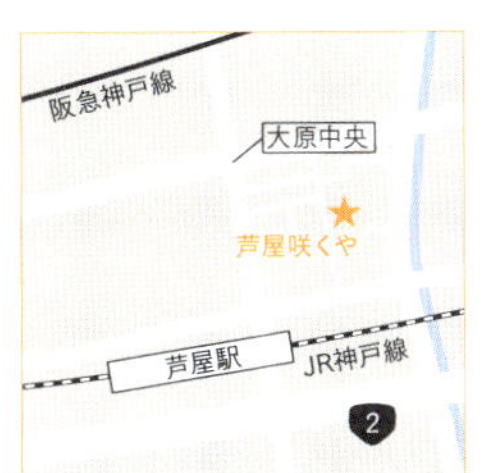

- 0797-99-0398
- 芦屋市大原町6-3
- JR芦屋駅より4分
- [ランチ]10:00〜14:00
  [スナックタイム]14:00〜18:00
- 休 なし
- テーブル36席、カウンター3席
- 予 可　P なし　禁煙
- V、MA、JCB、AMEほか

野菜たっぷり美的ランチと有機ハーブティーを

有機ハーブティー専門店のランチは、体にやさしい素材を使い、見た目もおしゃれで特別感いっぱい。安納芋、シルク里芋、サラダえのきなど旬のこだわり野菜は約10種類。ミネラルたっぷりのアンデスの赤塩かバルサミコでシンプルにいただく。この日のメインの鶏モモ肉のコンフィは、90分近くじっくりと火を入れてやわらかく仕上げ、食後にはデザートと共にハーブティーが登場。土づくりから力を入れた有機ハーブは、フリーズドライで自然がもつ効能を凝縮して味もよい。2階の壁画は、アーティスト神田沙織さんが、神話に登場する「コノハナノサクヤビメ」を描いた。女性が元気になれるエネルギーに満ちた場で、ヘルシーなランチをぜひ。

Lunch

- 季節のこだわり野菜ランチ（前菜3種盛り、野菜のポタージュ、パン、メイン、プチデザート、本日のハーブティ）1,620円

Tea

- 有機オレガノ850円
- 有機ハイビスカス1,000円
- オリジナルブレンドティ薫風1,000円

鶏モモ肉のコンフィ

韓国料理

嘉門芦屋コリアン亭

かもんあしやこりあんてい

芦屋・JR芦屋

夜のおまかせコースの一例。昼は軽めのコース

0797-31-1612
芦屋市船渡町3-18
JR芦屋駅より3分
12:00～15:00(14:30LO)
18:00～22:00(21:30LO)
月曜(祝日は営業、翌日休)
テーブル28席、カウンター6席
予 可　P 4台　禁煙
不可

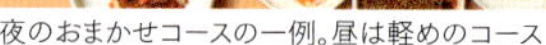

Lunch
●石焼ピビンパ膳
1,500円
●昼のおまかせコース
2,500円～

Dinner
●夜のおまかせコース
3,500円～

季節の素材を生かした繊細で美しい韓国料理

静かで落ち着いた雰囲気の韓国料理店。現地の素材や味を取り入れながら研究し、味付けは上品で控えめに。テーブルに小皿がずらりと並ぶのは、本場さながらの光景だ。ランチタイムには、石焼ピビンパやテールスープ、豆腐チゲなど、韓国料理の定番メニューがそろう。夜は13～14品が登場するおまかせコースが中心で、昼はそれをライトにしたコースもオーダー可能。

野菜をふんだんに使うヘルシーな料理も多く、ズッキーニのような韓国カボチャをトッピングしたチヂミは、サクッと軽やかな食感。キムチやゴマの葉の醤油漬けなど、韓国の家庭の味ともいえる常備菜も自家製で。繊細な味付けのナムルもおいしく、見た目にも美しい韓国料理が堪能できる。

パチパチと音をたてて運ばれてくる香ばしい石焼ピビンパ。数種類の季節のおかずがつく

芦屋・阪神芦屋

Baan Thai ASHIYA

タイ料理

ばーんたいあしや

魚介類たっぷりのパッキーマオタレー

0797-78-8559
芦屋市川西町4-2 VIVO芦屋1F
阪神芦屋駅より7分
11:00～15:00(14:30LO)
[土・日曜]11:30～、17:00～22:00(21:30LO)
[金・土曜]17:00～22:30(22:00LO)
休 火曜
テーブル34席　予 可(平日昼は予約が確実)
P 1台　禁煙　V、MA、JCB、AMEほか

現地のシェフが作る五感で楽しむタイ料理

日本人向けにアレンジせず、現地の味を再現した本格的なタイ料理。タイの5つ星ホテルから来日したシェフが、吟味した素材で腕をふるう。「アジアのフランス料理」といわれるほど、生のハーブをふんだんに使うタイ料理。色彩豊かな花々をあしらい、目にも美しいひと皿に仕上げる。

ココナッツミルクのグリーンカレーは、辛さの中にココナッツミルクのまろやかな甘さが溶けこむ。パッキーマオタレーは、日本語で「酔っぱらい炒め」。酔うほどに辛いことから付けられた名前で、辛みが強いタイの唐辛子が魚介類の味を引き締める。サラダは自家製フレッシュマンゴーソースで。これを目あてにリピートするお客さんも多い。

Lunch

- 平日ランチSET(ココナッツミルクのグリーンカレー、バジル炒め、タイの焼き飯など6種類)1,500円
- スペシャルランチ(パッキーマオタレー)2,500円

Dinner

- ネームトート(特製もち豚の香味揚げ)1,620円

ゲーンキィャオワーン(ココナッツミルクのグリーンカレー)

イタリア料理

Ristorante Ponte Mirabeau

西宮・甲陽園

りすとらんて ぽんてみらぼー

童話の世界のようなかわいい外観

0798-72-7178
西宮市北山町1-94
阪急夙川駅からバス「鷲林寺南口」より2分
11:30〜14:30(LO)
※土日・祝日は12:00〜
休 火曜
テーブル32席
予 要予約　P 9台　禁煙
夜のみ可(Vのみ)

Lunch
●コース(前菜盛合せ、パスタ、魚or肉料理、デザート、コーヒー)3,024円
●コース(前菜盛合せ、パスタ、魚料理、肉料理、デザート、コーヒー)4,104円

Dinner
●コース5,400円、8,100円

北山緑化植物園から北へ進むと、イタリア国旗が目印の、絵本に出てくるようなキュートな一軒家レストランがある。高い天井はゆったりした空間を生み、イタリア製のテーブルクロスが美しい食卓を演出する。

野菜はシェフのお母さんが育てたものが中心、パスタはすべて手打ち、料理は塩分控えめで食べやすく仕上げられている。ランチは予約時に苦手なものを聞いて、その日に入った食材をアレンジ。前菜からデザートまで、フルーツを使うことが多く、この日のメイン、ガシラのソテーには、デコポンと野菜のソースが添えられ、デコポンの酸味が魚をフレッシュに包み込む一品に仕上がっていた。デザートのフルーツタルト、プリン、ジェラートの盛合わせにも心が躍る。イタリア人オーナーが淹れてくれるコーヒーを飲みながら、ゆっくりとすごす食後のひと時は、何ものにも代えがたい。

明るくエレガントな雰囲気の店内

北山を背にする一軒家で
心躍るひと時を

イタリア料理

CARBONiera del TORO

西宮・苦楽園

かるぼにえらでるとろ

シックな店内で落ち着いてランチを

0798-70-8848
西宮市名次町11-15
阪急苦楽園口駅より4分
11:30～15:00(14:30LO)
17:30～22:00(21:30LO)
月曜(祝日は営業、翌日休)
テーブル22席、カウンター7席
予 可　P なし　禁煙
V、MA、JCB、AMEほか

明るくカジュアルなトラットリアの雰囲気そのままに、イタリアでの経験をベースにした料理の数々。たとえばトスカーナならジビエ、ローマならカルボナーラといった、それぞれの郷土料理の特徴を生かす。カウンターに置かれた大きなガラス瓶の中でキラキラと光っているのは、パスタをゆでる時に使うミネラル豊富なイタリアの海塩。麺がよく締まって、アルデンテが長くつづき、食感のよいパスタが仕上がる。

ランチタイムには、パスタランチとピッコロランチの2種類があり、パスタはトマト系とペペロンチーノ2種類をそれぞれ日替わりで提供する。ピッコロランチには地鶏や茶美豚を使った肉料理のメインが加わり、ボリューム満点だ。ディナータイムにはスキレット(鉄なべ)で焼く熟成させた黒毛和牛も人気。

Lunch

- パスタランチ(パスタ、前菜、パン)1,000円
- ピッコロランチ(パスタ、メイン、前菜、パン、ドルチェ、カフェ)1,850円

Dinner

- 前菜520円～
- パスタ1,550円～
- メイン2,680円～

自家製ミートソースとキャベツのトマト煮込みパスタ

気取らない雰囲気の地元密着イタリア食堂

肉料理のメインがつくピッコロランチ。ランチタイムにはルイボスティーをサービス

フランス料理

A LA MAISON JEAN-PAUL

あらめぞんじゃんぽーる

住宅街の中で、ひときわ目をひく一軒家の店

- 0798-64-7719
- 西宮市甲子園口3-29-10
- JR甲子園口駅より8分
- 11:30〜14:00(LO)
  17:30〜21:00(LO)
- 休 水曜
- テーブル22席、カウンター6席
- 予 可　P 1台　禁煙
- 不可

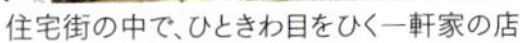

Lunch

ランチコース1,550円〜
- A(前菜orスープ、本日のガレット)
- B(前菜orスープ、本日のお料理、パン)

コーヒーor紅茶付き

Dinner

- 夜のコース3,024円〜

フランス・ブルターニュ地方の郷土料理、ガレットの専門店。クレープ用の円形の鉄板クレピエールの上で、そば粉100%の生地を薄くのばしながら焼く。いたってシンプルな生地に、シャルキュトゥリー(食肉加工職人)として長年のキャリアをもつジャンポールさんのレシピによるハムやスイス産グリュイエールチーズ、野菜など日替わりの具材をトッピング。この日は、キャベツとニンジン、ベーコンをじっくりと蒸し煮にして旨みを出したシューブレゼ。カリッと焼き色を付けたら、四方をたたんで蒸し焼きにし、卵にほどよく火が通ったところでお皿に移す。半熟卵をつぶしながら食べるガレットは、見た目よりも濃厚だ。

豚の各部位のテリーヌ、フロマージュテットもジャンポールさんならではの熟練の味。ブルターニュ産リンゴの微発泡酒、シードルと共に味わいたい。

Bコースの本日のお料理、大山鶏のシードル煮

トッピングにこだわる味わい深いガレット

まわりはカリカリで中はしっとりとしたガレット

和食

割烹 にしい

かっぽう にしい

西宮・苦楽園

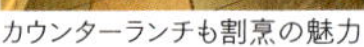
カウンターランチも割烹の魅力

- 0798-70-2415
- 西宮市豊楽町1-32
- 阪急苦楽園口駅より5分
- 11:30〜14:00
  18:00〜21:00
- 休 木曜
- テーブル12席、カウンター10席
- 予 可　P なし　禁煙
- 不可

Lunch
- コース（前菜、お椀、造り、酢の物、御飯、デザート）2,700円

Dinner
- コース 5,400円〜

苦楽園口からほど近い小さな通りで、さりげない存在感を放つ割烹料理店。2013（平成25）年にオープンしてから口コミで広がり、短期間で名前が知られるようになった。昼は2種類のコースのみ。見た目で手が込んでいることがわかる前菜を口にすると、これから出てくる料理に期待せずにはいられない。さり気なく添えられた季節の彩りは「ほおずき」、キュウリはかわいらしいカエルの飾り切り、料理をネタに一緒に食べる人と会話がはずむ。食材の持ち味を生かし、それらを組み合わせ、控えめに味をつける。新鮮な造り、炭火で焼いた焼き物、椀物、見た目はシンプルだが、それぞれの味が舌にしみいる。一組ずつ釜で炊くごはんが出てくる頃には満足感でいっぱい。

夜はコースに加えて一品料理もあるので、お酒とともに割烹の魅力を堪能したい。

野菜の個性を生かす炊き合わせは料理人の腕のみせどころ

粋な割烹で シンプルな料理に光る技

和食

日本料理 夙川 かんな月

西宮・夙川

にほんりょうり しゅくがわ かんなづき

一人でカウンターに座る女性客も多い

- 0798-72-2101
- 西宮市相生町11-9 クレインビル2F
- 阪急夙川駅より3分
- 11:30〜14:00(13:30LO)
  17:30〜22:00(21:00LO)
- 休 水曜
- テーブル10席、カウンター6席
- 予 可(昼は前日までの予約制)　P 1台　禁煙席なし
- 夜のみ可(V、MA、JCB、AMEほか)

夙川に店を構えて約30年、素材を選び、メニューを考え、毎日料理を作り続けてきた主人。

ランチで目をひくのは15種ほどの肴が皿にのる八寸。イイダコの旨煮、なたねとうるいの胡麻浸しなど、一品一品手がこんだ料理ばかりだ。利尻昆布でひくだしは上質な旨みをたたえ、わずかな調味料で料理の味を整える。塩は5種類を素材や料理によって使い分け、時には手で揉んで味を整えて料理にあわせる。醤油は3年仕込みの芳醇な味をもつものと、ベテラン料理人の選択が生きた料理の数々だ。

長年通うお客さんのために、一つひとつが食べやすい大きさであることも忘れない。一人でカウンターに座る人、テーブル席で語らうグループ客など、誰もがゆっくり料理を味わっている様子に、上質な時間の流れを感じる。

Lunch

- 昼ご膳(八寸盛り、お造り、揚げ物、御飯、赤だし、香の物、デザート)2,160円
- ミニ懐石(先付け、八寸盛り、お造り、本日のお料理一品、肉or魚料理、御飯、赤だし、香の物、デザート)3,780円

Dinner

- 夜のコース4,320円〜
  一品料理あり

夜の懐石の石焼。肉または魚をさっと表面を焼いてリンゴ酢でいただく

季節を感じ、旬を味わう上質な和食

15種の肴が皿にのる八寸

和食

酒蔵通り煉瓦館 レストラン花さかり

さかぐらどおりれんがかん れすとらんはなさかり

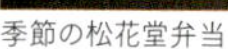
季節の松花堂弁当

- 0798-32-2555
- 西宮市用海町4-28
- 阪神今津駅・西宮駅より15分
- 11:30〜14:00(LO)
  17:30〜21:30(21:00 LO)
  土日・祝日は11:30〜14:30(LO)、17:00〜21:30(21:00 LO)
- 休 火曜　テーブル6席、カウンター6席、個室あり
- 予 可　P 17台　禁煙
- V、MA、JCB、AMEほか

Lunch
- 昼懐石4,200円
- 松花堂2,100円
- 六角二段重3,100円
- しぼりたて原酒ミニグラス350円
- 惣花300円

Dinner
- 花水木3,600円
- 鳳宴(ほうえん)5,500円
- 風雅(ふうが)7,000円

西宮郷で味わう 懐石料理と美酒

酒どころ灘五郷のひとつ西宮郷にある清酒メーカー日本盛。工場に隣接する酒蔵通り煉瓦館は、日本酒のショップ、吹きガラス工房、イベントホールがある複合スポットだ。レストランでは、造りや天ぷらなどの一品料理、酒うどんに天ぷらが付いた酒うどん御膳など、気軽な料理から和食の王道をいく月替わりの懐石料理まで、幅広い料理が味わえる。

季節を眼と舌で感じられる懐石料理は、先付、吸物椀、造り、焼物と、料理が進むにつれて、満足度が上がっていく。ラストの甘味を食べる頃には、おなかも気持ちも満たされる。

蔵出しの搾りたて原酒や長年飲み継がれている純米吟醸「惣花」を飲みながら、ゆっくり過ごしたい。個室もあり、家族や大人数の集まりにも便利だ。

六角二段重

西宮・夙川

うなぎ割烹 きた八

和食

うなぎかっぽう きたはち

シンプルな味付けで、鰻の味わいをより楽しめる白焼き

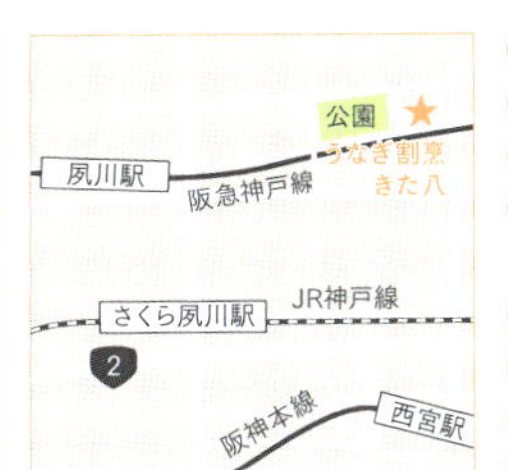

- 0798-73-9333
- 西宮市西田町5-4イーストサイド夙川1F
- 阪急夙川駅、JRさくら夙川駅、阪神西宮駅より15分
- 11:30～13:30(13:15LO)
  17:00～22:00(21:30LO)
- 休 木曜
- テーブル8席、カウンター6席
- 予 可　P 3台　禁煙
- V、MA、JCB、AMEほか

Lunch ／ Dinner
- 上櫃まぶし4,250円
- 鰻白焼き2,000円
- おまかせ6品櫃まぶしコース8,000円

皮はパリッ中はふんわり 鰻の豊かな味わい

鰻そのものの味を堪能できるように、タレはハケで薄く塗るのみ。「上火式」で焼くのは鰻自身の脂で表面が揚げ焼きの状態になるからだ。パリっとした皮と、ふわりとこぼれる身が「きた八の鰻」の最たる特長。この絶妙な焼き加減と味を求めて「鰻を食べるならここ！」と決めている常連さんが足を運ぶ。

櫃まぶしは、お櫃の蓋をとった瞬間の香りがたまらない。1杯目はそのまま、2杯目はわさび、シメは特製の昆布だしでいただこう。白焼きにはレモンを絞って、パプリカ、シナモン、山椒などがブレンドされた特製香り塩でさっぱりと。

店内は茶色を基調にし、カウンターやテーブル、席の背もたれにも木が使われ落ち着いた和の雰囲気がただよう。

上櫃まぶし

和食

天翔

てんしょう

西宮・夙川

季節の炊き込みごはんも人気

- 0798-37-4448
- 西宮市分銅町7-14
- 阪急夙川駅、JRさくら夙川駅より8分
- 11:00～14:00(LO)
17:30～23:00(22:00LO)
- 休 不定休
- カウンター12席、個室あり
- 予 可(予約がベター)　P 3台　禁煙
- V、MA、JCB、AMEほか

揚げたてのアツアツをいただく特別な時間

目の前で一品ずつ揚げていくスタイルはそのままに、この春から、より幅広い層に向けてメニューを一新。店主自慢の「海老づくしコース」は、天然海老・赤海老・車海老・天使の海老と、海老好きにはたまらない贅沢さ。中でもニューカレドニア産の天使の海老は希少価値が高く、とろけるような甘さに魅了される。4種類の海老を計6尾、お気に入りの塩でいただこう。

ほかにも、無農薬野菜が主役の「ベジコース」や、淡路島産の平飼い鶏のやわらかなムネ肉を使った「鶏天コース」など、実に多彩。だしが香る炊き込みごはんも人気の一品だ。また、営業時間外(14時～17時)も予約のみ受付可。掘りごたつ式の個室でのママ友会など、乳幼児連れでもゆっくり過ごせる。

Lunch

- 海老づくしコース(海老6尾、野菜3品、季節の炊き込みごはん、味噌汁、香の物、デザート) 2,500円

Dinner

- 桜コース(付き出し、お造り、サラダ、車海老2尾、魚類3品、野菜4品、天茶、香の物、デザート) 4,536円

海老づくしコース

西宮・夙川

あんばい

和食

あんばい

季節限定（11月～4月頃）の九条ねぎそば（温）

阪急甲陽線
あんばい
夙川駅
阪急神戸線
山手幹線

- 0798-72-4157
- 西宮市相生町6-7
- 阪急夙川駅より2分
- 11：00～14：30（麺がなくなり次第終了）
  ※中学生未満入店不可
- 休 月曜
- テーブル22席
- 予 不可　P なし　禁煙
- 不可

落ち着いた空間で
極上の十割そばを

もちもちとした食感と美しい透明感、ひと口ごとにふんわり立つ香りと、心地よいのどごし。「ここでしか味わえない逸品」を求め、遠方から足を運ぶファンも多い店だ。

創業当初から使いこまれた石臼で挽いた粉をひと晩寝かせ、毎朝生地を練り、丁寧に手打ちしていく。風味豊かな茨城県産のそば粉に、備長炭でまろやかにしたアルカリ水素水、ウルメやサバなど数種をブレンドしたオリジナルのだし。すべてに妥協しない姿勢こそが「ちょうど良いあんばい」を生み出していると納得だ。

そばはもちろん、揚げたての天ぷらも楽しみのひとつ。春には桜エビのかき揚げ、夏は穴子、秋冬は牡蠣なども。最後に供されるそば湯もおいしい。

Lunch

- ランチ（ざるそばと季節の天ぷら）1,770円
- 九条ねぎそば1,520円

いしばし

いしばし

野菜の炊き合わせと天ぷら

- 0798-71-0666
- 西宮市越木岩町7-13 ポニービル2F
- 阪急苦楽園口駅より3分
- 11:30〜14:00(LO)
  17:30〜22:00(21:00LO)
- 休 水曜
- カウンター6席、座敷10席
- 予 可(予約がベター)　P なし　禁煙
- 夜のみ可(V、MA、JCB、AMEほか)

繊細な料理で味わう素材がもつ味と彩

お昼の彩コースは、その名の通り、花のような形のお皿に一つひとつの空間を演出する彩り豊かな料理の数々。注文を受けてから焼く魚やだしまき卵をはじめ、姫ニンジンの味噌漬けやニンジンのカステラなど、見た目にも繊細な料理が、温かいものは温かく冷たいものは冷たく、一番おいしい状態で並ぶ。月2回を目安に少しずつ内容が変わり、お皿の中にさりげなく花をあしらうなど、季節感を取り入れることを忘れない。炊き合わせや、塩とレモンであっさり食べたい天ぷらも野菜をふんだんに。豆のごはんや炊き込みごはんなど、ここにも季節が垣間見える。

お昼はほとんどが女性客でリピーターが多いというのも納得だ。

Lunch
- 彩(いろどり)コース2,000円
- おまかせ会席4,500円

Dinner
- おまかせコース6,500円〜

素材の持ち味を生かした季節感のある料理が並ぶ

西宮・苦楽園

鮨 まつ本

和食

すし まつもと

店内はカウンター8席のみ、無駄のない落ち着いた空間

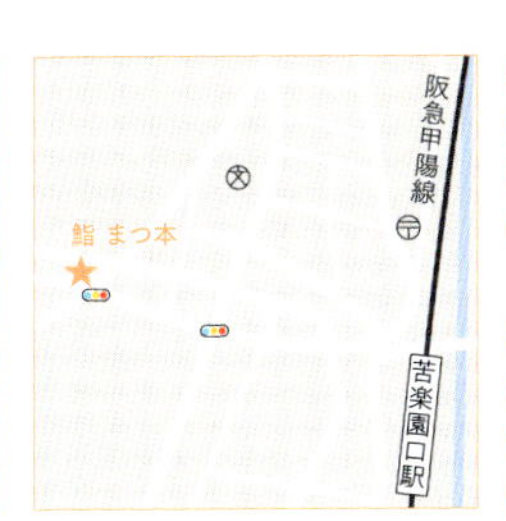

0798-74-5499
西宮市樋之池町2-33 セルシェール苦楽園1F
阪急苦楽園口より7分
12:00～(最終入店13:00)
17:00～(最終入店20:00)
休 月曜、火曜昼(祝日は営業、翌日休)
カウンター8席
予 可　P なし　禁煙
不可

Lunch
6,000円～

Dinner
14,000円～

一つひとつが美しく繊細な味

ネタで季節を感じる握り寿司の醍醐味

装飾のないシンプルな店内に、ひときわ存在感のある白木のカウンター。すがすがしい気持ちで席に着くと、主人の手元に自然と目がいく。寿司職人の手はなめらかにシャリをとり、ネタをそっとあわせていく。ネタが新鮮なのは当然のこと。身の中心の一番甘い部分が舌に触れるよう三枚におろしたイカの濃厚な甘みに魅了される。明石のタコ、淡路の鯛、塩は赤穂と、なるべく近郊のものを選ぶのは、この地でしか味わえない鮨を握るため。遠くからわざわざ来るお客さんへの心配りでもある。

コースは12カンで、炙りもの、赤身、貝など緩急をつけ、最後の一カンまで飽きさせない。魚で季節を感じ、目と舌で味わう寿司は、たしかな満足感にひたれる。

フランス料理

ル ベナトン

る べなとん

豚肉の旨みを閉じ込めたジャンボンペルシェ

0798-37-2655
西宮市寿町4-12
阪急夙川駅より3分
11:45〜14:00(LO)
18:00〜21:00(LO)
水曜
テーブル20席
予 可　P なし　禁煙
V、MA、JCB、AMEほか

地場の食材を使って ブルゴーニュの伝統料理を

仏・ブルゴーニュで修業をしたオーナーシェフが腕をふるう店が夙川の山手幹線沿いにある。できるだけ兵庫県産の食材を使って、ブルゴーニュの郷土料理を関西人好みの味にアレンジ。

オーストラリアの大自然の中で、ソルトブッシュを食べて育ったソルトブッシュラムの独特の風味と旨みを閉じ込めたローストや、豚モモ肉を塩漬けにして柔らかく煮込み、パセリやニンニクで味をつけて固めたジャンボンペルシェなど、手の込んだ料理が味わえる。

付け合わせの野菜も一つひとつ手間をかけて、素材の味を生かすのはもちろん、見た目にも華やかな彩りだ。スタッフの丁寧なサービスが心地よく、ゆっくりと味わいたくなる店。

Lunch
- Aコース(アミューズ、前菜、魚又or肉料理、デザート、パン、コーヒー)3,780円
- Bコース(アミューズ、前菜、魚料理、肉料理、デザート、パン、コーヒー)5,184円

Dinner
- BOURGUIGNON コース 6,480円
- GOURMANDコース9,180円 ※別途サービス料5%

ランチCコースよりソルトブッシュラムのロースト

西宮・苦楽園

Bistrot du Perigord

フランス料理

びすとろ どぅ ぺりごーる

生ハム、鴨、サーモンの燻製などのサラダミディ

- 0798-71-5182
- 西宮市南越木岩町5-30 1F
- 阪急苦楽園口駅より5分
- 11:30〜15:00(LO)
  17:30〜21:00(LO)
- 火曜
- テーブル14席
- 可(夜は要予約) なし 禁煙
- 夜のみ可(V、MA、JCB、AMEほか)※カード利用は別途サービス料10%

赤いドアが目じるし 地元の愛されフレンチ

落ち着いた町並みにさりげなく佇むフレンチレストラン。土地柄、口が肥えた人が多く、食材、メニュー、さらには料理をとりまく文化まで、お客さんとの会話は幅広い。そんなお客さんに満足してもらえる知識を得たいと世界中を食べ歩いたオーナーシェフ。パリやニューヨークで、味だけでなく店や人が作りだす空気感を直に感じ、海外で見つけた味や手法をいち早く取り入れ、多くの常連さんの舌をうならせてきた。食材は長い付き合いの店から仕入れ、味の研究に余念がない。

テーブルのグラスには、まるごとのリンゴ。ほのかな香りが料理の邪魔をしないからという演出だ。一人でおしゃれをして食事に来る粋な女性が似合う、大人がゆっくりできる店だ。

Lunch

●コース(おすすめオードブル、本日のスープ、メイン、デザート、パン、コーヒーor紅茶)3,024円

Dinner

●ペリゴールコース(オードブル、スープ、プティパスタ、魚or肉、デザート、コーヒーor紅茶)6,480円

三元豚ソテーローズマリー風味粒マスタードソース

フランス料理

Pas A Pas...

西宮・夙川

ぱざぱ

Bコースのデザート。フランボワーズのムースとチョコレートクリーム、バニラアイスのベリーソース添え

0798-22-1910
西宮市寿町2-35 KOWAビルディング1F
JRさくら夙川駅、阪急夙川より駅り7分
11:30〜15:00(14:00LO)
18:00〜22:00(21:00LO)
休 火曜
テーブル24席、カウンター8席、個室あり
予 可　P 3台　禁煙
V、MA、JCB、AMEほか

地中海の風を感じる魚介が際立つフレンチ

青い壁面や、カウンターの青、白、水色のモザイクタイルは、地中海をイメージしたもの。からりとした異国の風を感じられそうな、明るく爽やかな店内で、気軽にフレンチが食べられる。

シェフの腕が鳴るのは、より繊細な扱いを必要とする魚料理。Bコースの前菜のサーモンのマリネは、表面を炙ることで油を閉じ込め、口当たりをよくしている。そこにパプリカやラディッシュ、大根の酢漬けなどを美しく散りばめる。魚介は主に高知県から仕入れる直送のもの。産地で判断するよりも、リーズナブルでおいしいものこそ、お客に喜ばれるというシェフの信条だ。

デザートはパティシエが作る本格的なひと皿。店で作る焼き菓子やジャム、ドレッシングの販売も密かな人気。

Lunch

- Aコース(前菜、スープ、メイン、ドリンク)1,620円
- Bコース(前菜、スープ、パスタorメイン、デザート、ドリンク)1,944円

Dinner

- 海の幸のブイヤベース 2,160円
- パザパのタパスセット 1,620円

Bコースの前菜。サーモンのマリネとポテトのピューレ

西宮・苦楽園

Fusion Dining olive

イタリア料理

ふゅーじょんだいにんぐおりーぶ

季節野菜のペペロンチーノ

- 0798-72-0148
- 西宮市南越木岩町7-10
- 阪急苦楽園口駅より4分
- 11:00〜15:00(14:00LO)、18:00〜23:00(22:00LO)[土]11:30〜13:30(LO)、17:30〜23:00(22:00LO)、[日] 17:30〜22:00(21:00LO)[祝] 11:30〜14:30(13:30LO)、17:30〜22:00(21:00LO)
- 火曜(祝日は営業、翌日休)　テーブル14席、カウンター10席
- 予 可　P 提携Pあり　禁煙
- 不可

新鮮な魚介とたっぷり野菜の創作料理

名前の通りエントランスの植栽はオリーブ。内装にもオリーブの木が使われているシックなレストランだ。

ランチのオードブルは、たっぷりの野菜にキッシュ、パテ、エビのオーブン焼きと、これだけでおなかがいっぱいになりそう。チョイスできるパスタは日によって違うが、たとえば季節野菜のペペロンチーノも旬の野菜がたっぷり。どの料理も厳選した野菜が豊富に使われているのが、オリーブの料理の特徴だ。常備されている魚介の種類も多く、カウンターの下のいけすからは新鮮な貝が取り出される。

和・洋・エスニックといったジャンルを超えて、様々な手法と味を組み合わせ、独自の料理を展開するシェフ。訪れるたびに味のとりこになる。

Lunch

●Cランチ(オードブル盛合せ、パスタorリゾットorピッツァ、パン、コーヒー)2,000円

Dinner

●バリ風鮮魚のごちそうカルパッチョS1,600円、L2,800円

Cランチのオードブル

イタリア料理

tpinambur

とぴなんぶーる

西宮・苦楽園

見た目も美しい前菜の盛り合わせ

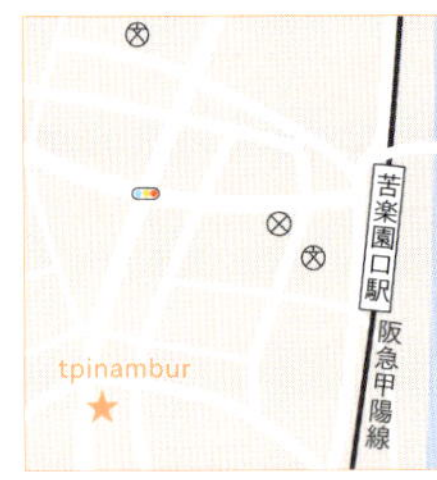

0798-31-5797
西宮市松生町12-21 第2寿松ハイツ1F
阪急苦楽園口駅より5分
11:30〜15:00(14:00LO)
18:00〜21:30(21:00LO)
不定休
テーブル6席、カウンター6席
予 可　P なし　禁煙
夜のみ可(V、MA、JCB、AMEほか)

見た目も味も繊細な体にやさしいイタリアン

白いお皿がキャンバスのような前菜は、彩りを意識して。お客さんにきれいと喜んでもらえるように考えながら作る。繊細なソースに寄り添うように、パスタは細い麺を使う。カトラリーにも気を配り、パスタを巻きやすいよう、先が広がった専用のフォークを準備。麺が切れないように、トングではなくフォーク2本を使って麺をつかむ。

パスタのソースは、あっさりしながらもコクを重視。たとえばペペロンチーノは、ニンニクをしっかりと効かせるのではなく、他の味とバランスをとりながら。いい意味でイタリアンっぽくないといわれることを褒め言葉ととらえ、毎日でも食べられるように主張を強くせず、遊び心を取り入れた料理を心がける。

Lunch
- パスタランチ(前菜、パスタ) 1,200円
- メインランチ(前菜、メイン、ドルチェ、飲みもの)2,200円
- トピナンブールランチ(前菜、スープ、自家製生パスタ、メイン、ドルチェ、飲みもの)2,800円

Dinner
- パスタ 900円〜
- メイン 1,900円〜
- 熟成牛ステーキ 3,500円

ランチのパスタは8種類から選べる。写真はモッツァレラとバジルのトマトソース

西宮・夙川

アルテ・シンポジオ

イタリア料理

あるて・しんぽじお

もちもちとした手打ち麺、ガルガネッリを牡蠣と共に

0798-22-1886
西宮市寿町5-16
阪急夙川駅より2分、JRさくら夙川駅より3分
11:30〜15:00(14:00LO)
18:00〜23:00(21:00LO)
休 火曜
テーブル12席、カウンター5席
予 可 P 3台 禁煙
V、MA、JCB、AMEほか

上質なおもてなしの心が光るリストランテ

ここで過ごす時間と空間すべてを楽しんでもらいたい。そんなシェフの願いが随所に散りばめられているアルテ・シンポジオ。壁には四季を彩るアーティストの作品が飾られ、そのイメージで構築される繊細なコース。たとえば、メインの鹿肉のローストには、ビーツ・ロマネスコの葉・トマトと、目にも鮮やかな3種類のソースを添えて。まるでお皿の上に絵を描くような遊び心が伝わってくる。愛媛産の鹿やイタリア産のウサギなど、ジビエはシェフの得意分野なのだ。

春には、ほんのり桜が香るタリオリーニを桜エビのソースで。テラコッタ調のタイルやアーチ状の石のブロックが演出する美しいリストランテは、季節の移り変わりも感じさせてくれる。

Lunch

●アルテコース(前菜盛り合せ、パスタ、メイン、ドルチェ盛り合せ、カフェ)2,700円

Dinner

●ディナーコース(おもてなしのサプライズ、本日の前菜2種、パスタ、メイン、今月のドルチェ、お茶菓子、カフェ)5,000円

アルテコースより鹿肉のロースト

イタリア料理

Luna Pleine

るーなぷれぬ

野菜・肉・魚のバランスがよい前菜7種盛り

171
Luna Pleine
阪急神戸線
西宮北口駅
阪急今津線
名神高速

0798-64-8885
西宮市南昭和町4-11
阪急西宮北口駅より3分
12:00～14:30
17:30～22:30
休 水曜、第3火曜
テーブル22席
予 可　P なし

禁煙
不可

イタリアンの定番を野菜たっぷりで楽しむ

コンセプトは、日本の食材を使ったイタリアン。なかでも、季節ごとに一番おいしい素材をセレクトした前菜が、リピーターの心をつかむ。一番人気のBランチには、パスタかメインに前菜5種盛りとスープ、デザート、飲みものがつく。お皿からはみ出すように盛り付けられたボリュームたっぷりの前菜は、野菜を中心に肉や魚をバランスよくチョイスし、こまめに内容が変わる。

ほかにも、パスタとメイン両方が堪能できるCランチや、前菜7種盛りにピザ、パスタ、デザートなどがセットになったペアランチも好評。それぞれのランチには自家製デザートもセット。料理にあわせたワインもセレクトされ、ランチタイムにグラスを傾ける人も多い。

Lunch
- Bランチ1,404円
- ペアランチ（2人前）3,456円

Dinner
- 前菜7種盛り1,296円

パスタとピザ、前菜7種盛りとスープ、デザートとドリンクがつくペアランチ

西宮・西宮浜

フリアンディーズ

イタリア料理

ふりあんでぃーず

ヨットと海を眺めて過ごせば、気分もリフレッシュ

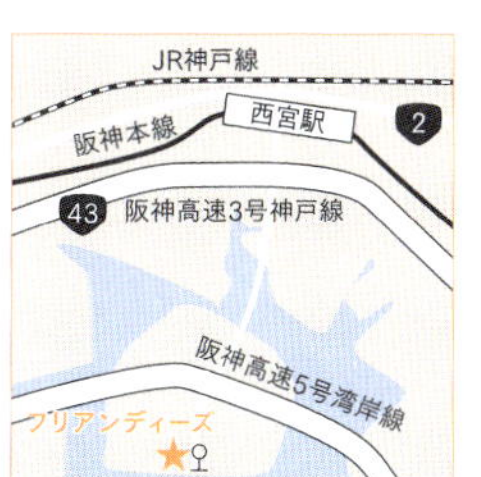

0798-34-9787
西宮市西宮浜4-16-1新西宮ヨットハーバーセンターハウス1F
阪神西宮駅よりバス「ヨットハーバー前」より2分
9:00〜20:00(19:30LO)
※ランチ11:00〜14:30LO
休 火曜
テーブル116席　予 可(昼は11:30スタートのみ可)
P 提携Pあり　禁煙、テラス分煙
不可

潮の風を感じるテラス席でゆったり楽しむイタリアン

ヨットハーバー内にある、海を臨む絶好のロケーションで楽しむイタリアン。開放的なテラス席で、風を感じてゆったり過ごそう。ランチコースは6種類で、本日の魚料理やサーロインステーキ、25cmの特大エビフライなどがメイン。ある日の魚料理は鮮魚のポワレ。日によって魚の種類は変わるが、タイやハタなど白身魚が中心だ。コースにつく自家製の「ごはんパン」は、炊いたごはんを一度お粥状にし、小麦粉などの材料と混ぜて作る。お米の風味が残るもっちりとした食感のパンは、メイン料理のソースをしっかりすくって食べたくなる。

コースのほか、玉ネギをじっくり炒めて作る自家製ビーフカレーも隠れた人気。口コミで広がり、これを目あてにやって来るお客さんもいる。

Lunch
- ランチコースA(オードブル、パン、魚料理、コーヒーor紅茶、デザート2種)1,419円
- 自家製ビーフカレー925円

Dinner
- カジュアルペアコース2,983円
- おまかせフルコース3,000〜4,000円

ランチコースA

タイ料理

タイ国料理店 イサラ

西宮・甲東園

たいこくりょうりてん いさら

タイのムードいっぱいの店内

- 0798-51-8885
- 西宮市上大市1-8-16 レジデンシア甲東園1F
- 阪急甲東園駅より3分
- 11:30〜14:30(14:00LO)
  17:00〜22:00(21:30LO)
- 休 水曜
- テーブル26席
- 予 可　P 2台　禁煙席なし
- V、MA、JCB、AMEほか

野菜たっぷり、辛さ自在の本格タイ料理

1992(平成4)年2月のオープン当時、タイの家庭料理や屋台料理に馴染みがなかった地元の人が訪れ、その味にリピーターになり、あっという間に人気店に。化学調味料は一切使わず、野菜たっぷり、タイハーブで味を調える。タイ国商務省からタイセレクトの認定を受けた専門店だ。

メニュー選びに迷ったら、カレーのハーフ&ハーフセットがおすすめ。青いカレーは、青生唐辛子が辛さを強調しつつ、ココナッツミルクの甘味があと味をソフトにする。赤いカレーは、鶏肉、筍、ナスが入ってマイルドな辛み。ジャスミンライスとともに口に運び、両方の味を交互に楽しみたい。

シンハーやプーケットなど、タイビールもあるので、ランチビールにおすすめだ。

Lunch

- カレーのハーフ&ハーフセット(前菜、青いカレー、赤いカレー、ベトナム風生春巻き、ジャスミンライス、デザート)1,200円
- 日替わりランチ(スープ、一品、ご飯、デザート)800円

Dinner

- トゥクトゥクセット1,800円
- タイスキ鍋(前日までに要予約、2人前〜)2,800円〜

カレーのハーフ&ハーフセット

西宮・鳴尾

La Paysanne

ステーキ・鉄板焼き

らぺいざん

特選焼肉付弁当

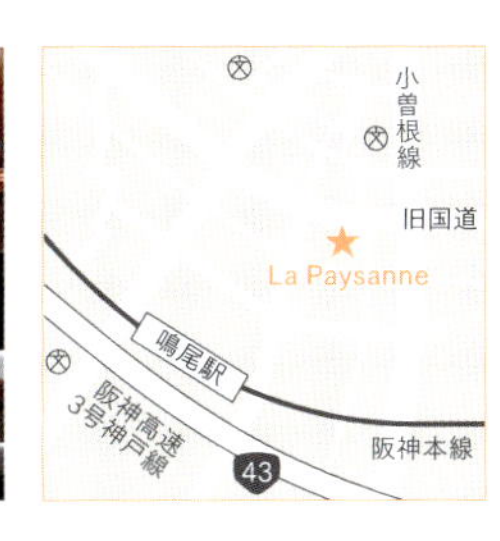

- 0798-41-2900
- 西宮市里中町2-1-9
- 阪神鳴尾駅より5分
- 11:30～14:00
  17:00～22:00
- 休 木曜
- テーブル24席、カウンター16席、個室あり
- 予 可　P 6台　禁煙
- V、MA、JCB、AMEほか

肉のプロにまかせた特上のお肉ランチ

三代続く精肉店が営むステーキレストランと聞けば、期待せずにはいられない。肉の目利きが選んだ一頭買いの牛肉は、産地より肉質を重要視。ステーキは、ディナーで切り落とした部分を使うため、上等な肉を手軽な値段で味わえて、とってもお得。しゃぶしゃぶ用の薄切り肉を使ったせいろ蒸しは、地元の武庫川女子大と共同で開発した鳴門オレンジ入りのポン酢でいただくと、やわらかな酸味が肉の旨みと見事にとけ合う。

サラダのドレッシングも、同じく共同開発をしたもの。付け合せの自家製のハムとともにいただこう。ワインの品ぞろえも充実しているので、2階の和室やテラス席があるパーティルームで宴会をするのも楽しい。

Lunch

- 牛肉せいろ蒸し付弁当2,160円～3,240円
- ステーキ付弁当 2,160円～3,240円

Dinner

- 神戸ビーフのコース 16,200円

牛肉せいろ蒸し付弁当

中華料理

ラヴェニール・チャイナ

西宮・夙川

らゔぇにーる・ちゃいな

オードブルはシェフの気まぐれ4品の盛り合わせ

- 0798-26-3656
- 西宮市羽衣町10-21夙川K.SビルIII 1F
- 阪急夙川駅より3分
- 11:00〜14:30(14:00LO)
  17:30〜22:00(21:30LO)
- 休 月曜、第3火曜(祝日は営業、翌日休)
- テーブル24席
- 予 可　P なし　禁煙
- V、MA、JCB、AMEほか

夙川マダムを魅了するスタイリッシュ中華

やわらかなグリーンのクロスにシックな茶色の家具。「女性一人でも気がねなくすごしてほしい」そんな思いが込められた店内は、席の配置もゆったりと、大きな窓からの陽射しが心地よい。テーブルにメニューはなく、手書きの黒板を見ながらあれこれ迷うのも楽しいひと時なのだ。

メインはおすすめ2品の中からお好みで。人気のエビの四川チリソース煮は、フワフワのいり玉子をからめて色鮮やかに、シェフお得意の辛みもランチならではのマイルドさが感じられる。ヘルシーな地鶏ムネ肉のソテーもやわらかくて食べやすい。

牛乳プリンや蒸しカステラなど、甘いものが大好きなシェフお手製のデザートも好評。香り高い中国茶をいただきながら、コースの余韻を楽しもう。

Lunch

- ラヴェニールランチ(オードブル盛り合わせ、お好みメイン料理、揚げ物2種、ごはんもの) 1,458円
  ＋162円でデザート付き／＋540円でメイン料理2品のスペシャルランチに変更可

Dinner

- 四川麻婆豆腐1,080円
- よだれ鶏1,036円
- ディナーコース3,780円〜

メインが2品のスペシャルランチ

西宮・苦楽園

中国料理 錦水

中華料理

ちゅうごくりょうり きんすい

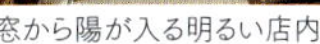
窓から陽が入る明るい店内

- 0798-71-8890
- 西宮市石刎町7-7 ジュアン苦楽園2F
- 阪急苦楽園口駅より3分
- 11:30～15:00(LO14:30)
17:30～22:00(LO21:30)
- 休 月曜(祝日は営業、翌日休)
- テーブル34席、カウンター4席
- 予 可　P 提携Pあり　禁煙
- V、MA

油を使わずに作るヘルシーな中華料理

油を使わない中華料理と聞けば、健康志向の人ならずとも、どんなものか気になる。西洋の食材を中華の技法で作るヌーベルシノワが流行った頃、いかに油を使わずに炒めものができるかを考えぬいたシェフ。行きついたのは、上湯(シャンタン)スープだった。熱した中華鍋で具材をスープと共に炒め、スープが蒸発する時に、その旨みを具材に吸わせるのだ。スープが上質であればこその調理法で、地元を中心に多くの人が訪れる。

この日のメインはイカと四季野菜の炒めもの。たしかな食感の中からあふれ出る旨みは、まさに匠の技。近郊の契約農家から取り寄せる無農薬野菜と新鮮な魚介を使ったあっさり味の中華料理は、年配の人にも食べやすくヘルシーなのがうれしい。

Lunch

- 飲茶ランチ 小前菜、飲茶5種、副菜、フカヒレ入り汁そばorフカヒレ入り五目中華粥、生ザーサイ、デザート)1,620円

Dinner

- 葱入り汁そば700円
- 前菜4種盛合わせ 1,800円

飲茶ランチ。前菜、イカと四季野菜の炒めもの、フカヒレ入り汁そば、春巻き、デザート

優雅なランチ

紳士淑女のマナーレッスン

レストランでのマナー

素敵なお店でおいしいものをいただきながら過ごす楽しいひと時。大好きな人と、大切な人と、ちょっと緊張する人と、笑いの絶えない仲間たちと。そこにはその時にしか流れない時間と空気があります。そして、その時の貴方の姿が、一緒に過ごす人たちに貴方の印象として残ります。

「また一緒に食事したいな」

「あのお客さんに、また来店していただきたいな」

そんな風に思ってもらえるような、紳士淑女のためのマナーのお話しです。

マナーは決して堅苦しいものではありません。おいしいものを、おいしく楽しくいただくためのスキルです。さりげないマナーを身につけた人は、より魅力的な大人になれます。知っているようで知らないレストランでのマナーを再確認してみましょう。

マナーはコミュニケーション力

おいしいものをおいしくいただくために、コミュニケーションはとても重要です。一緒に食事をする人との楽しい会話は、より食事をおいしくします。そして、食事をしている相手とだけでなく、お店の人たちとも上手にコミュニケーションをとることが重要です。お互いがわかり合えると、貴方に「この人にもっといい時間を過ごしてほしい」「あの人はこれが好きだから」と、気遣いをしてもらえて、同じ時間がより心に残る思い出になります。

時々見かける、お客だから、お金を払っているのだからといった横柄な態度はもってのほかですね。まわりのお客さんにも不愉快な思いをさせてしまいます。

レディファースト

男女でテーブルにつく場合、レディファーストで女性から先に腰掛けます。サービスの人がいな

い場合は男性が椅子を引いてあげましょう。椅子には左から入ります。店のドアやエレベーターなども先に女性を通すようにし、この時軽くドアを手で押さえる仕草を忘れずに。普段からレディファーストを心がけると男性はポイントアップします。女性は、パートナーにレディファーストが格好いいのだと教えてあげてくださいね。

デートの際のワンポイント

女性はオシャレしてお出かけしましょう。行き先によってTPOに合った素敵な装いであることが大切です。食事に出かける時は香りに気をつけましょう。きつすぎる香水はおいしい食事を台無しにしてしまうことがあります。お寿司屋さんのカウンターで、食べているお寿司の味がわからなくなるくらいの香りを放つ女性がいました。周りの人に迷惑をかけて、マナーを知らない人だというレッテルを貼られてしまってはせっかくのオシャレの意味がなくなってしまいます。

サインは目配せ

オーダーを取ってほしい時や、チェックをお願いする時は「すみませ～ん」などと大きな声はかけません。何気なく目があったときに小さく合図するだけで通じます。

持っていいお皿、持ってはいけないお皿

基本的には和食は大きな器以外は手に持って、洋食は持ち上げないと覚えておくといいでしょう。中華料理で大皿から取り分けた小皿や、韓国料理のごはん茶碗もつい持ち上げたくなりますが、これらはテーブルに置いたままいただくのがマナーです。日本の食事によく似ているため間違えやすいので注意が必要ですね。

立食パーティでのマナー

結婚式の二次会や同窓会、さらには女子会など、貸切りパーティや宴会に出席する時、マナーを知っていると自信をもって楽しむことができます。仲間内でもビジネスでも、「きちんとしている人だ」と、素敵な印象が残ります。

取り分け方にその人の品格が表れます

立食パーティでは料理を自分でお皿に取り分けます。一見自由そうですが、好きなものを好きなだけ、好きな時に食べるものではありません。オードブルからメイン、デザートと、コース順に食べましょう。料理は一人前の量を人数分用意されているので、好きなものばかり食べてしまうと他の人の分がなくなってしまいます。

マナーの基本は周りの人を気遣う心。わからないマナーがあっても、このことを基準に考えると大きく外れることはありません。また、取り分ける際、お皿には山盛りにしないこと。何度も取りに行くのが面倒などと言わず、品よく盛り付けます。冷たいお料理と温かいお料理は同じお皿に盛らない方がいいでしょう。自分自身でお皿に取ったものは、残さずに食べましょう。

食べ方のポイント

立食なので立って食べますが、動きながらは食べません。お皿にとって移動しながら、パクッということはやめましょう。料理が置かれているメインテーブル付近に立って食べるのは避けると共に、人の動線付近に立ち止まらないようにしましょう。

また、このメインテーブルには個人のお皿やグラスなどは乗せてはいけないことになっています。あるパーティで部屋の壁沿いに置いてある椅子をこのメインテーブルまで運んで座ろうとする人がいてびっくりしたことがあります。メインテーブルに座ってゆっくり食事をしたかったのかもしれません。ルールやマナーを知らなかっただけで、その人に悪意はないと思います。でも、こういった恥をかくのは避けたいですね。

グラスは必需品

グラスは常に持ってください。食事をしていない場合も、手ぶらでなくグラスを持つだけで洗練された人に見えます。ワイングラスやシャンパングラスなどの細い脚の部分をステムといいます。このステムを持つようにします。会話を楽しむのがパーティの本来の目的。グラスを片手にたくさんの人と会話をしましょう。

コーディネート・写真・文　花房英子

プロトコールジャパン株式会社 取締役。プロトコールマナーアドバイザー。花、食空間、フォトを通してライフスタイルを提案。サロン「FLOWERTUFT（フラワータフト）」を主宰し、大人の女性が優雅に学べるスタイリッシュフォトレッスン、モダンフラワーアレンジメント、テーブルコーディネート＆おもてなし・マナーの講座を開講。
http://www.flowertuft.com/

INDEX

取材にご協力いただきました、各店舗のみなさまに、深くお礼を申し上げます。

Special Thanks　ゑみや洋服店・江見真也
今堀恵理／岡本芙美

編集長　松田きこ
編集　株式会社ウエストプラン
取材　安田良子／並河智子／外園佳代子／磯本歌見
撮影　草田康博／篠原耕平／谷口哲／青木崇
花房英子（表紙、P1、P7、P12、P13、P54、P55、P61、P72、P73、P89）
デザイン　南賢一（NOY DESIGN）
広域地図　庄司英雄
印刷・製本　株式会社シナノパブリッシングプレス

神戸・阪神間 優雅なランチ

2016年4月27日　初版第一刷発行

編著者　ウエストプラン
http://www.west-plan.com/

発行者　内山正之

発行所　株式会社西日本出版社
http://www.jimotonohon.com/
〒564-0044
大阪府吹田市南金田1-8-25-402

◎営業・受注センター
〒564-0044
大阪府吹田市南金田1-11-11-202
TEL.06-6338-3078　FAX.06-6310-7057
郵便振替口座番号　00980-4-181121

ISBN978-4-908443-05-3